京都はこわくない

仁平綾

大和書房

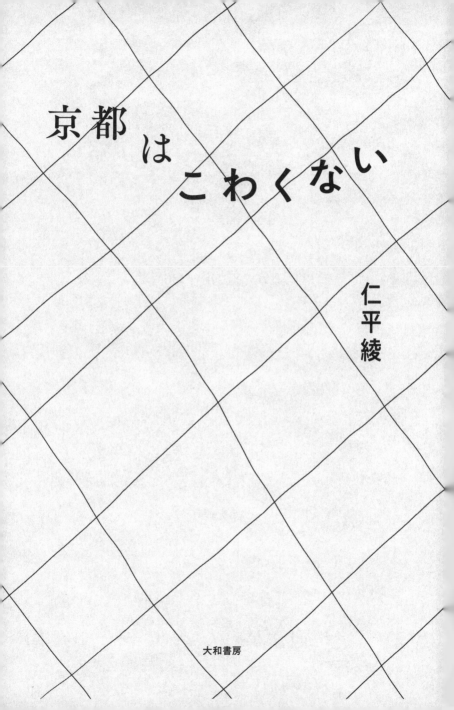

はじめに

「京都、こわくない?」

2021年春、ニューヨークから縁もゆかりもない京都へ拠点をうつしたあと、友人知人から何度もそう聞かれた。

ん?　なんのこと?　こわいって、なにっ!?

とは、もちろん思わなくて、「こわい」がなにを意味するのか、うっすらわかる。だから聞かれるたびに、苦笑いしてしまった。

私みたいな移住者じゃなくても、観光で京都を訪れたことのある人、テレビやSNSで京都を見聞きしただけの人にだって、〝京都こわい〟の共通認識がたぶんあるはず。老若男女から親しまれている京都は、同時にまた恐れられてもいるのである。

話はそれるけれど、ニューヨークに約9年暮らした私（と日本人の夫。以下オット）が、なぜ京都に移住したのか。よくたずねられるので、その顛末を記しておきたい。

２０２０年3月、COVID《コウヴィド》（コロナ）の大流行により、ニューヨークではレストランや美術館がクローズ、街はゴーストタウンと化した。不要不急の外出を避けるステイホームと、他者と距離をとるソーシャルディスタンスが社会の新ルールとなり、私のニューヨーク生活はパラレルワールドに来ちゃったの？　というぐらい、さまがわりしてしまった。

美容師のオットは休業。臨時の春休みだ！　なんてのんきに喜べたらよかったけれど、そのころは恐怖しかなかった。ただでさえ、びびりな私。ニューヨークでは日を追うごとに感染者が増え、死者数も激増。ブルックリンの我が家の外では、忙《せわ》しなく往来する救急車のサイレンが一日中なりっぱなし。

私だっていつ感染して死ぬかわからない……。どうしよう。怖い。

冗談でもおおげさでもなく、本気で怯えていた。朝ベッドで目が覚めたとき、喉にイガッとした違和感を覚え、「おわった……。COVIDだ……」と背筋が凍ったこともある。

世の中から突然ぷつりと切り離された、不安な自粛生活は、心をじわじわ蝕んだ。無気力になって、丸一日なにもできない日が増えた。そうして初夏のある日、ソファに寝転び、青空を仰ぎ見たときのこと。

私はなにと闘ってるんだろう？　もうここから離れてほっとしたい。故郷へ戻りたい。不意にそんな感情がこみあげて、日本にいる家族や友人たちが恋しくなった。「日本へ帰ろう」。そう決意した瞬間だった。あとから聞いた話だけれど、オットも同じような時期に彼なりの理由で、やはり帰国を決めていたらしい。

ほかにも帰国を後押しした要因はあった。迫っていたビザの更新。黒人への構造的な人種差別に抗議するＢＬＭ（ブラック・ライヴズ・マター）運動が盛んになり、便乗した暴力行為や略奪が白昼堂々行われたこと。アジア人への差別と、ヘイトクライムが急増したこと。

私の知っているニューヨークの街が変容していくようで、悲しかった。あんなに愉快で奔放な、愛すべき街だったのに……。気持ちがニューヨークから剥がれてしまったのだった。

日本のどこに帰ろうか？　オットと私は、連日ふたりで家族会議。

緑いっぱいの自然に近いところ。美容師というオットの職業柄、ある程度の規模の都市で、東京にも2～3時間で通える立地がいい。

うーん、だったら軽井沢はどう？　友人夫婦が暮らす、長野の松本もいいかも？

あちこち思い浮かべつつ検討するなかで、私が提案したのが、京都だった。

「え？　東京まで遠いじゃん」

難色を示すオットに、

「たった2時間ちょっとだよ！（新幹線だけど）」

身を乗り出し、誘致を働きかける私。

京都は、ニューヨークから日本へ一時帰国するたび足を運んでいた、私の偏愛シティである。千葉のベッドタウン育ちにとっては、その歴史や文化は神秘的ですらあり、心くすぐられる古都。山並みが望め、鴨川が街中を悠然と流れている風景にも惹かれた。住み慣れた街、ブルックリンとどこか似ているところにも好感がもてた。高層ビルが少なく、古くからの住宅が残り、頭上に広がる空が大きいこと。流れる時間が、たおかで、ゆるやか。ローカルな個人店が逞しく営業し、活気と輝きを放っていること。住宅の一階部分にパン屋やカフェ、ギャラリーなどが入居し、通りをぶらぶらするだけで未知の店に遭遇できる。だから街歩きがだんぜん楽しいこと。オットは、「へー！」と、がぜん興味を示した。

そしてなにより京都は、食べものがおいしい。鯖寿司、町中華、焼肉、うどん、あんこ&餅……、ツバを飛ばしながら京の美味をオットに熱く説いたところ、私と同じく食いしん坊な彼は、すぐに心を決めた。

さっそくオンラインで美容院向けの物件を探し、昭和レトロな2階建てにダメもとで申し込みをしたところ、大家さんや保証会社の審査にあっさり通って賃貸成約。オットの仕事場が確保できたことで、京都への移住がするりと決定したのだった。

京都出身でもなく、親戚がいるわけでもなく、ただ「好き」なだけの京都へ引っ越すことになった。「よく決意したね」なんて言われたけれど、人種も文化もごちゃ混ぜのカオスなニューヨークに比べたら、言葉が通じて、モラルやマナーが暗黙のうちに守られる日本はストレスフリー。国内ならどこにでも住めそうな気分だった。

そんなこんなで京都へ移住し、あっというまに2年と10ヶ月。オットはヘアサロンを営み、私はエッセイストとして執筆の仕事をしながら、京都暮らしを謳歌している。ときどきニューヨークの喧騒や、自由すぎる街の人たち、脂っこい三角ピザが恋しくなるけれど、オットも私もこのままこの街に暮らす気満々でいる。

冒頭の話に戻るけれど、京都は、なぜ「こわい」のだろう?

老舗の敷居が高そう（で、こわい）とか、「一見さんお断り」のような京都ルールが難しそう（で、こわい）とか? でも多くの人がこわがるのは、〝京都人〟である気がしている。原因は、京都特有といわれる〝いけず〟に違いない。

私の解釈では、いけずとは、相手にストレートにものを言わず、本音を隠して、遠回しに伝える京都ならではのコミュニケーション術。訪問先の家で主人に、

「ぶぶ漬けでも、どうどす?」

と聞かれたら、それは「お茶漬け、食べて行きませんか?」との親切なお誘いではなく、「早く帰ってくれよな!」が本意の婉曲表現である、という有名なアレだ。

一説によると京都のいけずは、各地から人が集まり、戦乱がたびたび起きた都で、地元民とそれ以外の人を区別するための知恵だった、とか。争うことを恐れず、言い方も直接的な江戸の武士文化に対し、公家文化を受け継ぐ京都では、体で争う代わりに、やんわりと嫌なことを相手に伝える特殊な言語能力が発達した、とも。

まあとにかく、いけずになじみのない他県人にはどうにも理解しがたく、ゆえにおそろしい。そこから「いけずを操る京都人は腹黒い」「性格に裏表がある」「いじわるだ」

などの偏見が生まれ、京都人はすっかり〝こわい人たち〟に仕立て上げられてしまったのではないだろうか。

京都人はプライドが高い、というまことしやかな噂も「こわさ」につながっている。京都こそ真の都との自負から新幹線や在来線の東京行きを「上り」ではなく「下り」と呼ぶ、とか。関東から京都に出かけることを「上洛する」とあえて表現する、とか。「京都に三代住まないと、京都人とは認められない」なんてルールも聞く。ニューヨークに住んでいたころ、現地の人に「3年住まないとニューヨーカーって名乗れないよ」と、ちくりと言われたけれど、それどころのスケールじゃない。

でも、真偽のほどをまわりの京都人に聞いてみると、

「そんなこと言う人、いまはおらへん」

「せいぜい一世代上の人たちぐらいまでちゃう?」

との答え。どうやら過ぎ去った昔の話のようである。ほっ。

以前取材でお世話になった京都の前田珈琲社長、前田剛《ごう》さんも、「ぶぶ漬け」は、もはや都市伝説だと否定していた。

「そもそも、どんなシチュエーションなのかも、ようわからへん」

相手が親戚ならまだしも、たいして親しくもない他人の家にあがりこむのは考えにくいのだと言う。

「なんでかいうたら、昔から京都では銀行屋と呉服屋だけは家にあげてええ、って言われてんねん」

と、新事実がぽろり。えっ、京都の街にそんな職業ヒエラルキーがあったの？　それはそれで、ちょっとこわいような……。京都は闇が、いや、奥が深い。

じゃあほんとのところはどうなの？　京都暮らしは、こわいことだらけなの？

もしもそう聞かれたら、私の答えは「ぜーんぜん、こわくないよ」である。生粋の京都人も、よそからの移住者も、みなさんいたって親切。いけずなんてないし（私が気づいてないだけかもしれないけど……）、嫌な思いをした覚えもない。

それよりも京都に対する先入観や決めつけを、知らないうちに溜め込んでいた自分のほうにびっくりした。メディアに取り上げられ、あーだこーだ語られがちな京都は、良くも悪くも「京都ってこうだよね」というステレオタイプを抱かれやすい街なのだなあ。

だから実際に京都で暮らしてみたら、「あれ？　そうじゃなかったの？」みたいなポジティブな裏切りや、「へぇ、京都ってこうだったんだ！」という、うれしい発見ばかりだった。

本書はそんな私が、この街での生活や、ときには京都の人たちへの取材をとおして見知った、〝私的ほんとうの京都〟をエッセイに綴った一冊である。京都へのさまざまな思いこみが薄れたり、「そんな京都があるんだ！」と驚いてもらえたり、この街にぐっと親しみを感じてもらえたりしたら、すこぶるうれしい。巻末には私の偏愛スポットをまとめた京都ガイドも用意。京都観光のおともにしてもらえたら、それまたありがたい。

すでに京都好きな人は、さらに京都愛が増しますように。なんとなく京都を避けてきた、足が向かなかった人には、京都欲がむくりと芽生えますように。そして、京都人のみなさんには、ほぉ、そういう見かたもあるのね、とお手柔らかに楽しんでもらえますように。そんな願いを込めて。

２０２４年３月　京都市左京区にて。仁平 綾

京都はこわくない

目次

私の京都、雑マップ

京都、私ならここ！

京都はこわくない

猫飼うべからず、な街

京都に住むなら、やっぱり京町家。土間がある家なんて、ぞくぞくしちゃう。鴨川がどーんと望めるヴィンテージマンションもいいなあ……。夕暮れに、ベランダでビールをぷしゅっと。憧れるわー。

京都に引っ越すだいぶまえから妄想に耽り、夢ふくらませていた京都移住計画。しかし、現実はそう簡単に私の夢など叶えてくれなかった。なんせ条件がてんこもり。予算とタイミングも限られていて、京都での賃貸物件探しは難航しまくったのだった。

そもそも自宅が仕事場でもある私は、住む家や部屋にかなりこだわりがある。不動産屋には「面倒くさいやつ」と敬遠されるタイプである。

風通し、日当たり良好。ガスコンロは2口以上。ずっと原稿を書いていると息が詰まるので、見晴らしがよく隣家の圧迫感がない景観希望。リフォーム済みの部屋にありがちなクリーム色の壁紙や、収納棚があれこれ押し付けがましい洗面台は苦手。建物自体に味があって、築浅より築古がだんぜん好み。もちろん猫可。それからそれから……

というわけで、不動産屋が送ってくれる物件情報はたいてい空振りに終わる。今回も自分でネットを駆使して、物件を探すしかなかった。

頻繁にのぞいたサイトは、物件セレクト系の京都R不動産、京都トンガリエステートのほか、ＲＯＯＭ ＭＡＲＫＥＴ、八清《はちせ》など。京都R不動産は、一軒家からマンションまで、ひねりのきいたリノベ物件多数。京都トンガリエステートは、デザイナーズマンションやリノベ系がざくざく。ＲＯＯＭ ＭＡＲＫＥＴは、ミニマルな改装を済ませたＤＩＹ可な京町家や、お手ごろなレトロアパートなど。八清は、自社で改装した京町家が魅力的。

サイトの物件情報に目を凝らし、間取り図を隅々まで眺め、新生活に胸と小鼻をふくらませる日々。しかし、日本へ帰国する2ヶ月前に不動産屋へ問い合わせメールを送ったとたん、現実へ引き戻された。

〝ご存じかもしれませんが、京都市は全国でも

一、二を争うほど猫可物件が少ない街といわれています〟

そ、そうなの!?

京都に初めて暮らすわけだからご存じなわけないし、しばらく日本を離れていたため、うっかりもしていた。

ニューヨークの物件は、基本的に猫可。よほど事前に拒否されないかぎり、飼ってもかまわない(逆に犬は不可だったり、条件が厳しい場合も)。なぜなら猫はネズミ避けにもなるから。という現地の賃貸事情に、すっかり慣れてしまっていた私は、猫なんてどこでも飼えると安易に考えていた。当時の我が家には、ハチワレ猫のミチコがいて、猫可は必須条件である。

たしかに言われてみると、京都の物件にはペット可が極端に少なかった。「こだわり条件」で「ペット相談可」にチェックを入れると、まさかの該当物件ゼロ。やっと見つけても「ただし小型犬のみ」と書いてあって謎すぎた。

猫好きに手強い街、京都。なぜなの? もしや猫に恨みでもあるのだろうか。平安京の昔から、猫は邪悪な生きものと忌み嫌われ、いまでも飼う人が少ない。とか。または、やんごとなきお方が愛鳥を猫に襲われ、〝猫飼うべからず〟のお触れが出された、その名残り。とか。きっと京都だからこその理由があるに違いない。ねえ、そうでしょう？と不動産屋に詰め寄っても、「理由はわからない」と解せない答えなのだった。

気に入った物件は、ことごとくペット不可で涙を呑んだ。それでもなんとか帰国前後のタイミングで、いくつか猫可物件を探し出し、京都のビジネスホテルに滞在しながら内見へ。二条城近くのリノベマンションは、すんでのところで別の人に先を越され、東山区の2階建ては、裏山があるせいか室内が暗く、湿気が重く感じられて断念した。

「もうさ、こっそり飼っちゃおうか……」

オットとヒソヒソ話をしていたら、隣にいた不動産屋の担当者に釘を刺された。

「隠れて猫を飼ってた人がいるんですけどね、すぐにばれて、大家さんに訴えられて、結構な額を取られちゃったから、やめたほうがいいですよ」

ですよね……。

そうして1ヶ月という限られたホテル滞在のなかギリギリ決まったのが、北区にある2階建ての一軒家だった。ペット可物件ではなかったものの、大家さんに掛け合ってもらって、猫1匹ならばＯＫにしてもらったのだ。ああ、助かった。

憧れの京町家ではなかったけれど、リノベ済みの部屋は、漆喰の白壁に床は無垢のフローリング。キッチンにはばっちりガスコンロ。小さな庭とウッドデッキ付きだった。日当たりや水まわり、景観など、愛猫のために目をつむった条件はいくつもあったけれど、限られた予算と時間のなかでよく見つけたほうだと、オットと手を取り合い、喜び勇んで引っ越しをした。

うまいこと進んでいたかに思えた一軒家での新生活。ところが、である。

蒸し暑い夏を乗り越え、やがて紅葉の秋になり、木枯らしの吹く冬を迎えたその家は、極寒地獄だった。エアコンのふわっとした温風では、とても太刀打ちできないほど寒い。地元の人いわく「京都の家は、石油ストーブがないと冬が越されへん」とか。知らなかった……。

昼間に日差しがたっぷり注ぐ2階の寝室は、まだましだったものの、終日ほぼ日陰の1階、風呂場とダイニング&キッチンが、理解不能な寒さだった。夜、加速度的に冷えこむ脱衣所は、風呂上がりの体温を瞬時に奪う。明け方、猫にごはんをあげようと階下のキッチンへ降りれば、うそでしょ、屋外？　と錯覚する寒気。なんなら外より寒い。

吐く息は真っ白。足の指の感覚がみるみる奪われていく。た、助けて！

京都の冬は寒いと聞いてはいたけれど、ここまでとは。

「京都盆地の地下に大量の地下水が蓄えられてるんですよ。だから冬は底冷えが厳しい。めちゃくちゃ寒いんです」

知人にそう教えられて、納得した。そして私の嫌いなもののリストには、匂い付きのトイレットペーパーの次に、「底冷え」が加わった。

ああ、温水の流れるパイプが張り巡らされ、全室、完全暖房だったニューヨークのアパートメントがなつかしい……。冬でも汗をかくぐらいぽかぽかで、半袖&裸足ライフ。窓を開け、ほてった顔を冷たい外気にあてたときの、あの恍惚感といったら……。

ニューヨークに完全に甘やかされた軟弱者の我らは、はやくも限界。2年目の冬が来る前に一軒家暮らしをあきらめ、左京区に奇跡の24時間フル暖房マンションを見つけて（しかも猫可！　神様ありがとう！）、すたこら逃げるように引っ越した。いまは「ニューヨークみたいじゃ〜ん」という、ぬくぬく生活。京都生活2年目にして、ようやく家探しが、一件落着した。

困ったことは、ただひとつ。私の面倒くさい物件条件リストに「24時間、暖房完備」が、さらに加わったことである。もうこんりんざい、京都で部屋を探せる気がしない。

湧水狂

京都生活の新しい習慣。そのひとつが、空きボトルを持ち歩くこと。なぜかというと、湧水《わきみず》を汲みたいからである。

貴船《きふね》神社、上賀茂《かみがも》神社、下御霊《しもごりょう》神社、梨木《なしのき》神社、松尾大社《まつのおたいしゃ》……などなど、市内には「名水が湧く」と知られる神社が点在し、地元の人が手水舎《ちょうずや》のところで、あたりまえのように水を汲んでいる姿を目撃する。なかにはご親切に、専用の水汲み場や蛇口が用意されている場所もあるほど。一度に汲んでいいリットル数や、〝商業目的で使わないように〟との注意書きを掲げている神社もある。

移住したての私は、カルチャーショックを受けた。

だって水は、家の蛇口をひねれば出るもの、飲み水はペットボトルに入れられ店で売られているもの。水を汲む行為を、たぶん人生で一度もしたことがない。もしかしたら小学生のときに参加したキャンプで、飯盒炊飯のために沢の水を汲んだりしたかもしれないけれど、それは非日常のファンタジーな体験である。私は湧水を汲むというこの街の習慣に、ときめいてしまった。

さらに惹きつけられたのは、湧水がとんでもなくおいしいからだった。たかが水でしょ。となめていたけれど、水道水とは歴然と違う。臭みがまったくないし、口あたりが優しく、水が口のなかでびしゃーっと広がらず、まるみがある。そしてうっすら甘みも感じる。汲む場所によって、まるみや甘みに差があるのも楽しい。*

湧水サイコー！　私はすっかり湧水汲みにのめりこんだ。神社のみならず、街中の店先にも名水が汲めるスポットがあり、「ボトルがないから水が汲めない！」と出先で悔しい思いをすることがあったため、いまは空きボトル携帯必須。湧水を発見したら、反射的に汲む体質に仕上がりつつある。


持ち帰った湧水はどうするかというと、はじめのころはコーヒーを淹れていた。やはり格段に味がいい……気はするものの、正直なところコーヒーの風味が強いので、湧水のピュアなおいしさやありがたみを、私の舌ではそ

こまで感知できなかった。

そこで、ウィスキーの水割りを湧水で作ることに。いくつかの神社の湧水と、水道水を用意して、同量のウィスキーを、それぞれ同じ分量の水で割る。目隠しをしてブラインドテストをしてみたら（暇なのか、私）、湧水のものは一発でわかった。飲み口がなめらかで、アルコールがつんつんしない。香ばしかったり、バニラっぽかったりするウィスキー特有の匂いがふわんとたちあがるのだ。

最近は、もっぱらお米を炊くときの水に使用している。老舗の京菓子司、亀屋良長《かめやよしなが》の当代である吉村良和さんに教えてもらったのがきっかけだった。

小豆を洗う、煮る。寒天を戻す。ういろうを蒸すなど、たくさんの水を要する和菓子づくり。初代当主が名水を求め、いまの場所に店を構えた亀屋良長の敷地内には、中軟水の地下水が豊富に湧くという。その水を、店が建つ通り名と、歴代の茶人が愛した名水の井戸「左女牛井《さめがい》」にちなんで、〝醒々井《さめがい》水〟と名付け、店頭に水汲み場を設置。訪れた人が湧水を持ち帰れるようにしてくれているのだ。ありがたや。

「湧水でお米を炊くと、おいしいんですよ。なんかしらんけど」

吉村さんからそう聞いて、さっそく醒々井水を汲んで帰り、白米を炊いてみたところ、これが衝撃のおいしさだった。なんかしらんけど！

お米の粒がつやつやに炊きあがり、ひと粒ひと粒がいつもよりも、もっちり主張する感じ。口に含むと、白米の甘さが、ぶわっと襲いかかる。う、うまい！　オットとふたりで爆食。おかわりが止まらなかった。


なんでも京都の地下水は、琵琶湖の水量に匹敵するという。千年以上前からこんこんと湧く名水が、出汁を主軸にした京料理をはじめ、日本酒、豆腐、麩、湯葉といった美味に貢献してきた。いまでも多くの飲食店で、湧水が日々使われているそうだ。

だから外食先で、感動的な味わいの出汁や、炊きたてのごはんに出合うと
「お水は、湧水を使ってるんですか？」

とすかさず聞いてしまうのが、私のクセになってしまった。

「いえ、湧水ではないんですけど……」

そう答えるお店ももちろんあって、一瞬気まずい空気になることがある。

いや、ごめんなさい。湧水を使っている店こそがいい店だ！　と決めつけるわけではなくて……。ただの湧水狂なんです。と心のなかで弁解。

でもやっぱり

「ええ、敷地内で湧く地下水を使用してます」

なんて答えを聞くと、きゃあ！　とうれしくなってしまう。だから懲りずに「水は湧水なんですか？」の質問を、つい繰り出してしまう私なのだった。

＊湧水は生水なので、本来は沸かして飲んだり、料理に使ったりするもの。そのまま飲用する場合は自己責任で。

フードスラング

「雲子《くもこ》ってなんですか？」

シンと冷える12月のある晩、四条烏丸にあるカウンター割烹で食事をしていたら、並びに座る女性が壁の黒板メニューを指差し、店主にたずねていた。

それを聞いた私は、にやり。とする。

さては観光客かな。わからないよね、雲子なんて。私も京都で初めて知ったもん。鱈《たら》の白子のことなんだよねー。

そう心でつぶやいて、ちょっぴり優越感。京都ならではを知っている自分がうれしい。

この街に暮らすようになって再発見したのだけれど、京都の食べもの名には、雲子みたいに〝地元の人しか知らないクイズ〟がちょくちょく潜んでいる。

たとえば居酒屋メニューでも見かける、きずし。しめ鯖のことで、仕事でお世話になっている大阪在住の編集者さんいわく、京都だけではなく大阪でも同じ呼びかたをするらしい。もうひとつ関西でたびたび見かけるメニューに〝てっぱい〟があって、これは関東でいう、ぬた（野菜や魚介を酢味噌であえた副菜）である。

つづいて、京都に移住して最初の夏に知った、どぼ漬け。さて、なぁんだ？　干し大根を醤油で漬けた〝ツボ漬け〟の変化形？　きゅうり入りとか？　との推測ははずれ、なんと、ぬか漬けなのだった。ぬか床に野菜を〝どぼっと漬ける〟に由来しているとか。

では、こっぺとは？　正解は冬のごちそう、ズワイガニのメス。福井県や兵庫県ではセコ蟹、石川県では香箱蟹とも呼ばれるのに、京都のこっぺだけ、なぜかずいぶんかわいらしい。

蟹といえば、手元をぐしゃぐしゃに汚しながら、一心不乱に身をかき出すバトルが醍醐味だけれど、それを華麗にすっ飛ばし、つやつやの蟹脚の身が甲羅の上に芸術的に盛りつけられた、〝お店のこっぺ〟こそ京都グルメ。ぜいたくで背徳的なおいしさである。

限られた土地や街でしか通用しない言い回しや呼び名は、ニューヨークにもあった。

カフェやコーヒースタンドで飲み物を注文したときに聞かれる

「Stay here？ Or To Go？（店で飲んでく？　それとも持ち帰り？）」

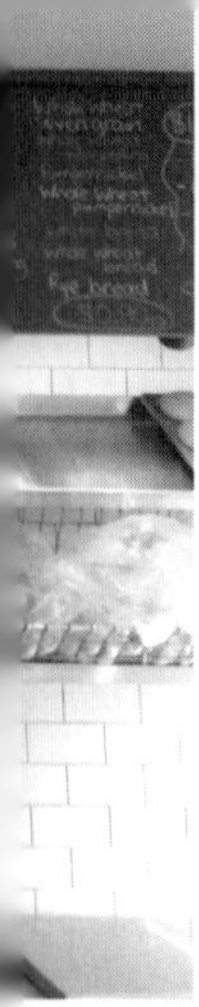

がそのひとつ。いまではすっかり耳慣れたけれど、移り住んだばかりのころは、トゥゴーの意味がわからず、レジ前でおろおろした。

チケット売り場の窓口で並んでいると

「Are you on line ?」

とよく声をかけられるのも、ニューヨークあるあるだった。

ん？　オンライン？　先にオンラインでチケットを購入したかってこと？　混乱する私。後日、英会話の先生から、純粋に〝列に並んでる？〟とたずねる決まり文句だと教わった。文法的には「Are you in line ?」が正しいものの、ニューヨークではなぜか、アーユーオンライン？　なのだそうだ。

地元の人が好んで使う食べものの愛称、題して〝フードスラング〟といえば、ベーグルのLox《ロックス》だった。

ニューヨークのベーグル店では、サンドイッチ店のサブウェイのように、好みのベーグルと、なかに挟む具をカウンターで注文、マイベーグルサンドを組み立ててもらう。

「プレーンベーグルに、卵サラダ。あ、ベーグルはトーストしてね」

なんて、さらりとオーダーできたら立派なニューヨーカーなのだけれど、

「Can I get a sesame bagel with plain cream cheese and Lox？」

と注文できた日には、完全な地元っ子である。

Loxはスモークサーモン（店によっては塩漬けサーモンの場合も）のことで、十八番の具材。ちなみに老舗の店では、クリームチーズのことをschmear《シュミア》なんて呼んだりもする。どちらもベーグルと共にユダヤ移民がもたらしたもので、ユダヤの言葉が発祥のザ・ニューヨークなフードスラング。たぶん現地の人以外にはあまり通じない。

地元民にしか通じない、といえば、京都のたぬきうどんもそう。

関東人にはおなじみの、揚げ玉がトッピングされた温かい汁うどん、ではなく、甘く煮た刻み油揚げと九条ネギがトッピングされていて、しかも汁全体にとろみがつけられている。いわば、刻みきつねうどんのあんかけバージョン。〝とろみ〟や〝あんかけ〟の類いに目がない私は、秒で虜になってしまった。「きつねがドロンと化けて、たぬきになった」とかいう、しゃれの利いたネーミングもいい。

「たぬき、ひとつください」

京都暮らしを始めてからというもの、うどん屋に入ったら、席に座るなり地元の人ぶってそう注文するのが、密かな悦びになった。

ある日、あつあつのあんかけを、ふうふうしながら、たぬきうどんをすすっていると、横のほうの席から
「すみません〜、のっぺい、ってなんですかぁ？」

という声が聞こえてきた。

ああ、それはね、かまぼことかしいたけが載った、しっぽくうどんのあんかけ版で、のっぺりとした見た目だから……

と、心のなかで返しながら、またもや、にやり。としてしまうのだった。

ほんとうの、一見さんお断り

一見さんお断りって、憎らしい。

あるとき、祇園の割烹に電話をしたら、予約は当然ずいぶん先まで埋まっているうえ、誰かの紹介がなければ入店できないと言われてしまった。でた！　京都特有の一見さんお断りである。

店側にさまざまな事情があることはわかる。でも、常連客と一緒か、あるいは紹介がないと入れないなんて、選り好みされているようで悲しいし、不公平に感じてしまう。間口が狭すぎるよ、いじわるー！　などと電話を切ったあと、ひとりぷりぷりした。まあ、美味にありつけなかった私の、ただの恨み言なのだけれど。

「でも、あれですよね、客層や評判、なにより味を守るために、一見さんお断りシステムは不可欠なんですよねぇ、きっと」

ある夜、京都に代々暮らす知人と食事をしながら、知ったふうな口をきいたら、

「京都の一見さんお断りは、そんなんちゃうよ」

と軽やかに覆されて、びっくりした。え、違うんですか？

「そもそも、お茶屋の文化やねん」

ご存じのとおり、京都には芸妓さんや舞妓さんが存在する。

お茶屋というのは、彼女たちを手配して、料理や酒を用意し、客のために宴席を提供する人たちだ。お茶屋と置屋（芸妓や舞妓を抱え、育成する場所）が集まる一帯は花街と呼ばれ、祇園甲部《ぎおんこうぶ》、宮川町、先斗町《ぽんとちょう》、上七軒《かみしちけん》、祇園東が京都の五花街とされている。

そんなお茶屋が貫いてきたのが、一見さんお断りのルールなのだそうだ。なぜかというと、お茶屋ではレストランのようなお会計をしないから。

「『おおきに』だけ。伝票も出てけえへん。あとで会社に請求書が届くだけの話」

昔の京都の旦那衆は財布を持ち歩かず、手ぶらで、どこも顔パスだった。せっかくお座敷で遊んだあとに、「はい、お会計」とは無粋じゃないか、との美学も背景にあるとかで、代わりにあとからきっちり飲み代を納める仕組み、つまりツケが慣例となった。

お茶屋と客の信頼関係のうえに成り立つ決済方法、とうぜん誰でもウェルカムというわけにはいかないのである。

しかもツケは、お茶屋での飲み代やお座敷代だけに限らず。別の料理屋でごはんを食べようが、呉服屋でなじみの芸妓に着物や帯を買おうが、すべてお茶屋にツケるという。なんと！

「お茶屋が一括管理してしまうわけ。まあ外商みたいなもんやね」

顧客の旦那衆を囲うための、お茶屋の巧みな商法。それが一見さんお断りだったのである。

ちなみに、もしもツケを払わない不届者がいたら、紹介者がその支払いをかぶる連帯責任が適用される。飲み代だけだったらたかが知れているものの、食事代、着物代、帯代など、すべてのツケをかぶるとなったら、いくら旦那衆とはいえおおごとである。だからこそ、信用と責任の一見さんお断りが、機能してきたわけだ。

お茶屋のツケはいまだに健在で、このご時世にクレジットカードもペイペイもなし。一見さんお断りって、綿々と続いてきた京都の文化なのだなあ……。となると、たしかに割烹の完全紹介予約制は、まったくの別物である。

それにしても気になるのは、お茶屋のお値段。舞妓さんや芸妓さんをお座敷に呼ぶと、いったいいくらかかるのだろう。伝票ナシ。明細もナシ。仰天金額が記された請求書が、刺客のように届くのでは……。こ、こわい。

「いや、そこは逆に明朗会計。普通にお茶屋さん行って、ぱっと帰るだけやったら、一人8千円程度。何時間いようがかまへん。芸妓さんや舞妓さんがつくと、一人につき2時間3万円。いわゆる花代やね。二人呼んだら6万円。飲み物代は別やけど」

高いと感じるか、安いと感じるか……。は、さておき、思いのほかしっかり、きっちりな料金体系。信用に基づく商売だからだろうか。文化を継承している自負があるからかもしれない。知人いわく「キャバクラのほうが高い」そうだ。

キャバクラと聞いて思い出したけれど、以前京都で女子会を開いたとき、二次会で友人が昔なじみの会員制バーに連れて行ってくれたことがあった。場所は、祇園のキャバクラ街。もちろんメニューはなし。お会計は言い値である。数人で焼酎、ワインなどをそれぞれ飲み、ハイボールを2杯飲んだ私は4500円、瓶ビールを1本飲んだ別の友人も同じく4500円だった。

友人たちとの愉快な宴を終えて、気分よく酔っ払って帰宅し、そのまま爆睡。次の日の朝、ふと昨夜の記憶を思い起こし、我に返って戦慄した。ビール1本4500円！　いくらなんでも会計が粗すぎない!?（誤解のないよう断っておくと、連れて行ってくれた友人にはなんの悪意もない。むしろネタになる体験ができて感謝）。

以来、祇園のその一帯は、私のなかで〝飲んだら危険地帯〟に設定されている。

穴をくぐって開運

京都へ遊びにくる友人知人のなかに、「霊がこわい」と嘆く人がいる。千年以上の歴史ある都では、当然たくさんの人間が亡くなっていて、〝屍《しかばね》の上に京都の街が築かれている〟とも言えるわけで、

「なんとなく具合が悪くなるスポットがあるんだよねぇ」

という人もいれば、

「ホテルに泊まるのが恐怖。護身のために水晶を持ってきた」

なんていう人もいて、霊感をまったく持ち合わせていない私は、へぇー、すごいなあ。と逆に感心してしまう。

幽霊と思われる存在に遭遇して、ぞわっとした。みたいな心霊体験は皆無だし、史跡をたずねて具合が悪くなった経験もない。鞍馬《くらま》寺を訪れたとき、空気がふわっと変質したように感じて、「これが〝気〟なのかも!?」と、内心ドキドキしたけれど、寺社の境内ではたいてい気持ちのコリがほぐれて、眠くなることのほうが多い。だから私の京都

は「こわい」ではなく、「ねむい」である。

霊よりも、よっぽど恐ろしい気がしてしまうのは、生きた人間が発する念や怨念だ。そのため足が遠のいていたのが、祇園の南にある神社、安井金比羅宮《やすいこんぴらぐう》である。「悪縁を切り、良縁を結ぶ」という安井金比羅宮は、強力な縁切りで広く知られている。

境内には〝縁結び碑〟と名づけられた巨大な石が鎮座し、ほふく前進の大人がひとり通れるほどの丸い穴が下方に空いている。祈願に訪れた人はまず、形代《かたしろ》と呼ばれる白い長方形のお札に願いごとを書き、お札を持って願いを念じながら穴を向こう側へくぐる。それから再びこちら側へ穴をくぐって戻り、最後にお札をぺたりと碑に貼れば、晴れて悪縁が切れ、良縁が結ばれる。

社内の人間関係に悩んでいた友人は祈願後、見事に上司が更迭されたし、境内に足を踏み入れたとたん会社のスタッフから「辞めます」の連絡があり、あっさりリストラが完了した話を知人から聞いたりもした。男女関係のトラブルを抱え、切羽詰まって駆け込む人も多いというし、なんだかいろんな人の恨みつらみ、怨念がうずまいていそう……と、こわくなってしまった。

祀られているのが、崇徳《すとく》上皇であることもまた〝こわさ〟を助長した。崇徳上皇といえば、島流しにあったのち、怨霊や祟り神になったと言われている人物である。いまだ現世に恨みをお持ちだったりしないだろうか……。

ところがあるとき、安井金比羅宮の宮司、鳥居肇《とりいはじめ》さんに取材でお話をうかがう機会があって、それらは私の勝手な思い込みであると判明した。

まずそもそも安井金比羅宮は、〝縁切り〟だけを願う場所ではなかった。

鳥居さんいわく「上皇が島流しにあったあと、欲を断ち切るためにお籠もりされたのが、縁切りの由来」であり、本来は〝断ちもの〟を祈願するところなのだそうだ。人間関係ばかりではなく、病気はもちろん、ギャンブルや酒などの悪癖を断つことをお願いできる。恨みつらみ、愛憎劇の終着地ではなかったのである。

さらに驚きだったのは、安井金比羅宮のロケーションにまつわる事実。なんとここは崇徳上皇が寵愛した阿波内侍《あわのないし》を住まわせた場所であり、

「上皇さまの人生で、数少ない幸せな時を過ごされたところ。上皇さまの幸せであったときの魂をお祀りしているのです」

と鳥居さん。どろどろした縁切りのイメージばかりが先行していたけれど、じつはハッピーオーラ全開の地だったのだ。

そうと知ったら、こわいものなし。私もさっそく穴をくぐってみたい！　でも断ちたいものがない人は、どうしたらいいのだろう？

鳥居さんいわく、縁切り碑の穴を通り抜けるのは、〝生まれ変わる〟〝新しい世界へ行く〟という象徴。良縁に結ばれたい、幸せになりたいなど、お札に自由に願いを書いて、お参りして構わないそうだ。

それからというもの、たびたび安井金比羅宮へ立ち寄っては、ひたすら日々の幸せを願って、穴をくぐることにしている。お札が何層にも貼られて、もこもこに膨らみ、不穏な空気を放っているかに思えた境内の縁切り碑も、いまでは愛らしいキャラクターのよう。お札をぺたりと貼って、「頼んだぞ」と碑をなでなですると、なんとも晴れやかな気分になれるのだった。

おーさん、ほーさん

京都では、街で遭遇する人が〝とっても京都〟である。東京ではあまりお目にかかれなかったような人とすれ違うのだ。

たとえば着物姿。地元の人も観光客も含め、ほぼ毎日どこかしらで目撃する。飲食店の女将さんや旅館で働いている方々の、もはや制服みたいに板についた着物姿から、繁華街や清水寺といった観光地にあふれる、ふわひらレースのレンタル着物女子まで。

この脅威の着物率は、なんなの〜。令和のいま、日本の民族衣装をまとった和装の人が、ここまでぞろぞろ通りを闊歩する街ってほかにある？

ニューヨークから引っ越してきたばかりのころ、カルチャーギャップにくらくらした。最近はすっかり見慣れて、いちいち気に留めなくなったけれど、洋装和装が入り乱れる光景って悪くないなあと思う。冬のある日、四条河原町で信号待ちをしていたとき、ふと周囲を見まわしたら、全身コム デ ギャルソン風のパンクな妙齢女性、ロリータテイストの着物女子ふたり、その横にノースリーブ&短パンの外国人観光客（冬だけど？）

という、かなり振れ幅のあるラインナップだった。ニューヨーク並みの多様性。自由だ。京都はふところが深い街だと、うれしくなった。

祇園や上七軒あたりをぶらぶらしていると、ふいに舞妓さんや芸妓さん、あるいはそれらしき着物姿の女性を視界にとらえ、わあっと小躍りしてしまうこともある。

ある夜なんか先斗町で、お座敷に向かうのだろうか、数人で連れ立って歩く舞妓さんや芸妓さんと鉢合わせた。白塗りにされた顔や首すじが、雪あかりみたいに宵闇にぼうっと浮かび上がり、妖艶というか、なんともいえない超人感。息を飲みつつ、なつかしい高揚感で満たされた。なんだろうこの感じ。一瞬でぶわっと心が沸き立つような。と思ったら、子どものころ某夢の国で、着ぐるみのキャラクターに出会ったときと同じだった。

街中や住宅街では、思いがけず神事や祭事に出くわす。

初夏のある日、上賀茂神社の界隈を車で走っていたら、お祭りと思われる一行とすれ違った。二葉葵の紋が入った紺色の着物の男性を筆

頭に、てっぺんに豪快に花を飾った巨大な赤い笠が続き、すぐ後ろには茶髪ロン毛のヅラをかぶって朱色の法被《はっぴ》を羽織った、謎のコスプレをしている男性数人が連れ立って歩いている。

なになに？　なんのお祭り？　窓から身を乗り出しながら通り過ぎ、あとから調べたら、上賀茂やすらい祭と呼ばれる伝統行事だった。疫病を鎮めるため、平安時代末期に始まったもので、鬼に扮した少年たちが太鼓や鉦《かね》を打ち鳴らし、踊りを繰り広げるらしい。おお、ぜひとも来年は見物してみたい。

そういえばニューヨークの街でも、イベントに出くわしたなあと記憶をたぐる。

12月の第二土曜日、サンタクロースの格好にコスプレした男女が街に溢れる（ただ飲み食いして騒ぐ）サンタコン。同じ地下鉄に乗り合わせたら最後。酔っ払った大声の赤いサンタ服たちに囲まれて暑苦しく、しらふのこちらは大迷惑である。

ある年の夏は、裸で自転車にまたがり、街中を走り回る集団に行手を阻まれた。自転車愛好家の権利擁護を訴える、ワールド・ネイキッド・バイク・ライドだと知ったのは後日のこと。大半は下着を身につけているなかに、「うそでしょ、ほんとに全裸？」というヌーディストも紛れていて、見たくもないものを見せられ、ぎょっとした。

どちらもとてもニューヨークらしいけれど、歴史と文化的価値のある京都の行事とはあまりにかけ離れていて、思い出しながら笑ってしまった。

「おぉーーーーーー」「おぉーーーーーおぉーーーーー」

京都で迎えた初めての夏。戸建ての1階キッチンで、朝コーヒーを淹れていたら、男性の野太い声が地鳴りのように聞こえてきたことがあった。ひとりではなく、何人かの声が、バス、バリトンの重低音みたいに重なり、輪唱して町内に響いている。猫のミチコはイカ耳で警戒心マックス。私とオットも「なになに？」と顔を見合わせた。

そのうちに、声がだんだんと近づいてきたので、格子窓からおそるおそる外の様子をうかがったら、黒い着物をまとい笠をかぶった人影が、「おおーーーー」の声とともに、軒先をしゅっとかすめていった。

え？　お坊さん？

さっそくインスタグラムに投稿したところ、京都で生まれ育ったフォロワーさんから「托鉢《たくはつ》といって、お金や物をもらう修行のひとつです」と返信があった。さすが京都、托鉢の禅僧に出会うなんて人生初である。

なんでも托鉢は、南禅寺や相国寺《しょうこくじ》といった禅寺の修行僧が行っているもので、実際は「おー」ではなく、〝法〟の意味で「ほー」と唱えているらしい。地元では親しみをこめて「おーさん」とか「ほーさん」とか呼ばれているのだという。

我が家にわりと近い大徳寺のお坊さんだったのかもしれない。それにしても、托鉢ってどうしたらいいんだろう。食べものをあげるの？　お米を？　それともお金？？

もしまた托鉢のお坊さんが家の近くに来ることがあったならば、施しに挑戦してみたい。などと思いながら、左京区のマンションに引っ越してしまって、もう出会う機会はなくなってしまった。

着物姿に舞妓さん、お祭りや托鉢のお坊さん。いちいち心ときめかせすぎじゃない？と京都の人に呆れられてしまいそうだけれど、関東の歴史が浅い新興住宅地で育った私にとって、それらはまるで異世界の存在。日常生活とは隔てられた、レアで珍重したいものだったので、大目に見てほしい。

京都では伝統的、文化的なあれこれが、暮らしのなかにするっと溶け込んで、境目なく混じり合っている。もしくは私たちの生活が、歴史と文化が醸成する壮大な物語のなかに、ひとときお邪魔しているだけとも言えるかもしれない。そんなことを体感するたび、すごくない？　京都って生活できちゃう夢の国なんだよ？　とひとり感動して、震えている私なのである。

野菜を買いに、大原へ

「こちら今朝、大原で採れた野菜でございます」

夕食に訪れた市内のレストランでシェフの説明を聞き、おお！　と心がどよめいた。大原の野菜!?　なにそれ!?

その店の薪窯で焼かれた、京都・大原産の野菜は、にんじん、オクラ、伏見とうがらし……、どれもひとかじりすると内側が果物みたいにジューシー。甘みや苦みの輪郭が際立っていて、力強い。私もこんな野菜を手に入れたいと思った。

じつは京都に移住して数ヶ月のそのころは、鮮度と味のいい野菜になかなか出合えず悶々としていた。

京都は山に囲まれ自然が身近だし、京野菜と呼ばれる地域伝統野菜もある。きっと地物の新鮮野菜がわんさと手に入るだろうと期待していたのに、案外そうでもなかったのだ。大手スーパーに並ぶのは、他府県の野菜ばかり。ローカルな採れたての野菜は、入り口脇の棚に特別枠で、少し置かれているだけだったりした。

ブルックリンに住んでいたときは、毎週末、近所の公園でグリーンマーケットがあり、生産者が屋台で販売する、つやつや、ぴちぴちのオーガニック野菜が選び放題だった。そんな場所が京都にもあればいいのに……と、移住以来ずっと恋焦がれていた。

さっそく〝大原の野菜〟を調べたところ、なんでも道の駅ならぬ〝里の駅〟があり、野菜直売所では収穫したてほやほやの野菜が手に入るという。著名な割烹の料理人から、イタリアンやフレンチのシェフまでが足繁く通っているらしい。そうと知ったら、さっそく車を飛ばして向かわずにはいられなかった。

京都市の北東部、三千院や寂光院《じゃっこういん》の近くにある里の駅大原は、畑にぐるり囲まれた、こぢんまりとした平屋建て。視界いっぱいに広がる空と山々を見渡せば、セロトニンがぶわっと分泌され、心が整いそうなロケーション。店内の棚には、地元の生産者が納めた色とりどりの季節の野菜が陳列され、売られていた。

葉がわっさわさのパクチーや、実がぶりぶりの万願寺とうがらし、粒がいまにも弾けそうな白や黄色のとうもろこしと対面し、わー！　グリーンマーケットじゃん！　こんな場所を探していたのだよー！　と心のなかで喝采した。減農薬や無農薬の野菜がマイ

ノリティ感を醸し出すことなく、堂々と肩を並べて売られているところもよかった。

ひとりハイテンションになり、買って帰った野菜は、エコバッグ２つ分。大粒の生の落花生は塩茹でにしたら、実がほくほく。万願寺とうがらしは焼き網で焼いて、かつおぶしとお醤油たらりで、立派なおかずになるし、さっと茹でたとうもろこしを出汁浸しにしたら、オットがものすごい勢いでかじりつき、あっという間に完食した。

なんておいしい大原の野菜。なぜ、どうして。あるとき生産者さんと話をする機会があってたずねたら、

「大原の土には水分が多い。だからとくに根菜なんかがみずみずしくなるんです」

と教えてくれた。ほかにも盆地ならではの寒暖差や、霞とその湿度の影響もあるという。気候風土の恵みを受けた奇跡の野菜だったのである。

いっそのこと里の駅大原の近くに住んで、大原の野菜を毎日食べる暮らしがしたい……。

私のそのがめつい願いは一年後、左京区への引っ越しでついに叶えられ、いまでは週に1〜2回、里の駅大原に通う野菜生活を送っている。

大原の野菜は、味がしっかりあるから、シンプルに調理するだけ。手がかからないところがいい。

クレソンやルッコラは、塩、ホワイトバルサミコ酢、オリーブオイルであえれば極上のサラダに。マスタードグリーンや春菊は、塩、米酢、山椒油であえ、お刺身に添えて食べるのが我が家の定番である。

いんげんや四角豆は、茹でてごまあえに。青菜はさっと茹でて、太白ごま油、ちりめんじゃこを混ぜ、ナンプラーとレモン汁で味付け。ズッキーニやなすはフライパンで焼いて出汁浸しに。そうやって野菜はフレッシュなうちに、できれば買った日に調理して、保存容器へ。数日間、お楽しみがつづく副菜となる。

白なすや緑なす、生のヤングコーン、葉付きのラディッシュ、ビーツ、黒キャベツ、サラダチコリ、ケール、カリフラワーの花……など、里の駅大原には珍しい野菜も多い。何度もリピート買いしているのは、角のない、するんとした丸オクラ。身厚だけど筋っぽさがなく、茹でて練り梅とみりん、薄口醤油であえたり、スパイスで炒めたりと夏のおかずに欠かせない。

夏の後半ごろから売り場に並ぶ、赤い万願寺とうがらしは、見つけたら即、数袋をカゴへ収める。緑の万願寺とうがらしを収穫せず、枝に付けたまま完熟させたもので、赤い見た目に反して辛味はなく、パプリカを超える甘み。そのまま焼いて塩とオリーブオイルで大満足。ざく切りにして、オリーブオイル、にんにく、トマト、塩と一緒に煮て、ガスパチョスープや、冷たいパスタソースにしてもいい（最後にガーッとミキサーにかけ、漉すのを忘れずに）。

初夏と秋から冬にかけては、皮が赤いアンデスじゃがいも推し。ほっくりした黄色い果肉で、茹でてポテトサラダにすると、栗のような、バターのような、うっとりする風味。もう普通のじゃがいもには戻れないかもしれない。

ところで、里の駅大原に行ったら、野菜のほかに買って帰るものがもうひとつ。近隣にあるレストラン、わっぱ堂のから揚げ弁当である（日によって売り場に並んでいたり、並んでいなかったりする。たまにだし巻き弁当があることも）。主役のから揚げに負けず劣らずなのが季節野菜のお惣菜で、いつも夢中になって食べてしまうのだ。

素揚げした金時にんじん、青菜のごまあえ、お出汁で炊いた大根と油揚げ、菊芋のきんぴら、かぼちゃと実山椒を煮たもの……。

旬を逃さず、適正に調理された野菜たちが、なんというか誇らしげで、凛々しく美しく、口に含むと、その活力が私にまでみなぎるよう。

菊芋って薄くスライスして食べるのねー。とか、へえ、油揚げとトマトを炊くのか！など、野菜の切り方から、調理法、味付けまで、わっぱ堂のお弁当は、おいしいだけではなく、学びがあるところもいい。シェフにお会いしたことはないけれど、勝手に〝師匠〟と呼ばせていただいている。

そんなわけで、里の駅大原には、野菜とお弁当が潤沢に揃っている朝イチに、前のめりで向かう。お弁当と平飼いの卵を無事買い物カゴへ収めほくそ笑んだら、食欲そそられる野菜たちを、次から次へとカゴに放り込む。だから毎回気づいたら、ふたり暮らしなのに、「店なの?」というぐらい山盛り。レジの人からは「どこかの料理屋の人」と思われているに違いない。

いけずか、否か

ある夜、ヘアサロンでの仕事を終えたオットが、神妙な顔つきで帰宅した。

「どうした？　なにかあった？」

とたずねたら
「さっきさ、近所の人に『えらい遅い時間まで、ご苦労さまやねぇ』って言われたんだけどさ」

いつもなら遅くとも20時には店を閉めるけれど、その日は珍しく22時過ぎまでお客さんが続いた。店を出たところで、すれ違いざまに声をかけられたらしい。

「ありがとうございます！　って返したんだけど……」

もごもごしているオット。

ん？　あれ、それって、もしかして……

「……いけず!?」

私が興奮ぎみに聞くと、オットが「そう！」と即答した。

いやいや、まさかね。深読みしすぎでしょ。すぐに思い直して、

「『遅くまで仕事してえらいね』って、ねぎらいの言葉だよ」

とフォローしてみたものの、

「俺もはじめはそう思ったんだけどさぁ……」

オットは自信なげだ。


声をかけてくれた近所の人は、生粋の京都人。いわゆる〝洛中《らくちゅう》〟と呼ばれるエリアに暮らしている。

洛中とは、都が置かれていた中心部のことで、古くから使われている呼称。いまでも京都市の中心を指す言葉となっている。「御所の南側あたり」とざっくり表現する人もいれば、「北は今出川通の手前ぐらいまで。西は堀川通、東は河原町通、南は四条通まで」と明確にエリアを示す人もいる。山や鉾《ほこ》と呼ばれる祇園祭の山車《だし》を受け継ぐ一帯（山鉾町《やまほこちょう》と呼ばれる）をイコール洛中と呼ぶ人もいるらしい。

定義も境界線も、いまいちあいまいなのだけれど、代々洛中に暮らす人は、自分こそが真の京都人であり、洛中の外（洛外）の人たちは京都人ではない、と頑なに考えていたりするそうだ。

だからたとえば、洛外にあたる京都市山科《やましな》区（市の東端に位置する区）出身の人は

「京都出身とはよう言いませんわ。山科出身です、て言うてます」

と笑う。えー、同じ京都市内なのに!?

その話を別の京都の友人にしたら、

「そうそう。京都の人は住んでる場所でマウントを取るのが好きだから」

と、至極当然といった顔で答えるのだった。

「え、じゃあ私、去年、左京区の△△に引っ越したんだけど……」

がっつり洛外。もしや京都在住って名乗ったら、怒られちゃう？　と聞けば

「ああ、大丈夫大丈夫。むしろ完璧！」

友人に拍手喝采で褒められた。

いわく、私の居住地は街中からあまりに遠く離れていて、マウントの取りようがないほど「どうでもいい。眼中にないエリア」らしい。だからなにも気にせず、堂々と名乗っ

てＯＫ。「引越し先、大正解ですね！」と友人は爽やかな笑顔を向けるのだった。う、うん、ありがとう。褒められているのか、けなされているのか微妙だけど、まあ良しとしよう……。

とにかくそんなわけで、オットも私も、洛中の地元民に声をかけられたため、「こんな遅い時間まで電気つけて、音楽流して、店を開けてるなんて、迷惑やわ」という本音の裏返しなのでは、いけずなのではと、つい勘繰ってしまったのである。

京都のいけずには、定型文みたいなフレーズがいくつかある。

はじめにでも触れた〝ぶぶ漬け〟のほか、たびたび聞くのは時計。「いい時計してますなあ」と相手に言われたら、時計を褒められているわけではなく、「時計を見ろ。時間を見ろ。そろそろ帰ってくれ」と暗に促されているだけ、というやつだ。

ほかに、ピアノもある。某飲食店で働く京都出身の女性は、以前自宅でピアノの練習をしていたところ、近所の人から「えらい上手にならはって」と言われたそうだ。これは、ピアノの上達を絶賛するのではなく、「音がうるさい」とのクレームをやんわり伝える、王道いけずのひとつ。

「それ以降、うちのおばあちゃん、私がピアノを練習する時間になると、窓を厳重に閉めるようになりました」

女性は苦笑していた。

私たちも、そういうわかりやすい定形いけずを言われたなら、頭を悩ませることはなかっただろう（そのぶん、かなり傷つき落ち込んだだろうけど……）。果たして、オットが近所の人からかけられたのは、ねぎらいの言葉だったのか、それとも、いけずだったのか。京都在住だったり、京都出身だったりする友人知人に聞いてみたところ、8割の人が

「ただの挨拶でしょ」

「いけずではない」

との見解だった。ほっ。

でも、残り2割の人は

「うわ！　それ、いけず」

「たぶんそうやね……」

という肯定派。ど、どっち!?

結局、いけずだったかどうかは、わからずじまいだけれど、ひとつはっきりしたのは、いけずとは受け取る側の気持ちの持ちようでもある、ということ。

相手の言葉に裏がある、とつねに邪推していれば、どんな言葉もいけずに聞こえてしまう。疑い始めたら、きりがない。そんな気持ちで京都に暮らしていたら、人間不信に陥りそうである。いけずとは、ひねくれていたり、ネガティブになっていたりする、邪悪な己の心を映す鏡なのかもしれない。

移住者でよそさんの私は、いけず音痴を貫くことに決めた。京都の人たちの言葉をまっすぐに受け止め、裏を勘繰ったりせず、明るく応える（ときどきは受け流す）。この街で気分よく暮らしていくためには、それが正解ではないかと感じている。

ソウルフード考

「京都には、いわゆる名物がないんですよ。大阪はお好み焼きとか、たこ焼きでしょ？でも、京都ってないんですよね〜」

京都出身の知人と食事をしていたら、そんな会話になった。

いやいや、なに言っちゃってるの。京都はむしろ名物の宝庫でしょ。と、私は鼻息荒く反論した。

「うどんは？　あのやわやわの」

「いや、うどんやったら香川でしょ」

「じゃあ、鯖寿司」

「それは福井ですよね。京都もまあ有名だけど、ちょっと弱い」

「だったら八ツ橋」

「あ、僕のいう名物は、甘いものじゃなく、ごはん系です。この街の人が家でふつうに食べているもの。小学生が学校から帰って、家族で楽しみに食べるようなメインディッシュ。つまりソウルフードです」

なるほど。たしかにそう言われると、「これ！」という食べものが浮かばない。ごはん系とはいえ漬物はメインではないし、湯豆腐は京都の家庭であまり食べないと聞くし……。だから知人はいつも〝京都の名物〟を聞かれるたびに、答えに困ってしまうらしい。

「とりあえずね、天下一品のラーメンって答えることにしてるんですよ」

と笑う。京都を代表するラーメンではあるけれど、全然家庭の味じゃないじゃん！

「じゃあ、鱧！　だし巻き玉子！　白味噌？　豆腐！　山椒！」

むきになって、次々に候補をあげても、「高級食材は外しましょう」「副菜」「食材とか調味料でしょ？」と、ばっさり。却下になってしまった。

「だったら餃子は？　餃子の王将は京都発だし、ミスター・ギョーザに夷川《えびすがわ》餃子なかじま、市内に人気の餃子店が結構あるよね？　家でだって食べるし」

なかなかの名答ではと、得意げな顔を向けた私。しかし知人は首を縦に振らなかった。餃子といえば宇都宮（または浜松との意見も）が圧倒的勝利なのだという。

答え出ず。詰んでしまった。「もうじゃあ、出汁でいいじゃん」とやけくそになって、この会話はお開きになった。

それにしても、京都のソウルフードってなんだろう。ぼんやり頭の片隅で考えながら数日過ごしていたところ、あ！　おばんざいでは!?と閃いた。おばんざいは、京都の人たちが家で食べるお惣菜。メインディッシュかどうかはさておき、毎日のように口にするものだし、小学生が喜んで食べるおかずも含まれるはずだ。

ところがである。

百年以上も京都で惣菜を製造販売してきた井上佃煮店を取材したときのこと。4代目店主の梅村猛《うめむらたけし》さんに対面した私が開口一番、

「京都ではお惣菜を、おばんざいって呼ぶんですよね！」

そう自信満々にたずねたら、

「いや、京都でもお惣菜やね」

との答えが返ってきて、えーっ！　となった。

同席していた地元のみなさんも口々に、

「おばんざいは、たしかに京都のお惣菜を指す言葉ではあるけれど……」

「外の人にアピールするもので、地元の人はわざわざ使わない」

と言う。どうやら、おばんざいは〝京都ならでは〟を匂わせるパワーワード。観光客を惹きつけるために活用されているのが現実らしい。

となると、京都の名物＝お惣菜？　それじゃあ格好がつかない。京都名物を探す旅は、振り出しに戻ってしまったのだった。


ところで井上佃煮店といえば、かつて錦《にしき》市場に店を構えていた老舗。２０１９年に惜しまれつつ閉店したあと、下鴨にあるスーパーマーケット、フレンドフーズの社長に熱烈懇望されて復活を果たした。いまは梅村さんと、娘の美都《みさと》さんが中心となって、フレンドフーズ2階の厨房で日々惣菜を手作りし、1階の売り場で販売している。

じゃこと山椒を炊いたちりめん山椒、琵琶湖産の川えびと大豆を炊いたえび豆、たくあんを塩抜きして炊き直した、ぜいたく煮といった京都ローカルな惣菜から、万願とうがらし昆布（炒めた万願寺とうがらしと塩昆布を和えたもの）、いかみょうが酢（細切りのきゅうりとみょうが、いかの酢の物）、ホキ子（鱈に似た白身魚の卵を炊いたもの）、れんこんの芽（れんこんの先端部分の酢漬け）などなど、井上佃煮店のお惣菜は、関東人の私には目新しく、口新しい味のオンパレード。

お客さんの要望から生まれたアイデア惣菜も多く、必ずしも「京都だけの味じゃない」と梅村さんは言うけれど、この街で長く愛されてきたという意味で、やはり〝京都の味〟だと私は思う。それどころか、地元の人たちの日々の食卓に並び、食生活に甘辛い味わいを添えてきたソウルフードとも言えるのではないか。

というわけで井上佃煮店のお惣菜は、〝私の京都名物〟に密かにノミネートされている。

バス悲喜交々

バスはうれしい。心はしゃぐ。地下鉄で移動していたらわからない外の風景を、たっぷり見せてくれるから。でも難しい。乗りかたがバス会社によってばらばらだし、見慣れない路線図はちんぷんかんぷんで、目的地にたどりつけなかったりするからだ。

そういう意味で、京都のバスは難易度Aランクである。バス網がとんでもなく発達し、路線図が複雑怪奇となっている。

地下鉄が縦に1本、横に1本、私鉄がやはり縦に1本、横に1本ぐらいしか走っていない京都の街では、古社寺などの数ある観光スポットを巡るために、バス移動が欠かせない。住民と観光客の要求に応えようとしてくれた善意の結果なのか、京都のバスの路線図は半導体の設計図かなにかなの？　というぐらい入り組み、移住したばかりの私は、路線図を見るだけで車酔いしそうだった。

同じように感じている人はかなりいるらしく、たびたび京都を訪れる友人もそのひとりで、彼女は路線図を読み解くのを早々にあきらめ、

「とりあえず来たバスに乗ることにしている」

と大胆不敵な対処法を実践していて、惚れた。もちろんそれでは目的地に一発で行けるはずもなく、待ち合わせにはだいたいたい遅刻となる。

路線図がうまく読めない私は、とうぜん乗るバスを間違え、信じられないほど正反対の場所に連れて行かれたこともあった。いったい、どうしたらいいのだろう。移住から3年近くが経ったいまのところの答えは、「Google Mapsの経路案内を頼りにバスに乗ろう」である。それでも間違うので、私が京都のバスを攻略できる日はまだ遠い。

いざバスに乗り、たいていの人がドギマギするのは、料金を支払う段である。

市バスは後方のドアから乗り、前方のドアから降りる際に、230円を支払うシステム。ある日、「あ、財布に1000円しかないや」となって、迷いなく料金箱の機械に1000円札を差し込んだら、770円のおつりの代わりに、ジャラジャラジャラッと1000円分の硬貨が吐き出されて焦った。あらかじめ機械で両替をして小銭に崩し、そこから230円を用意して、料金箱におさめる方式なのである。

「え!」

「そうなんですね」

「あ、ここで両替するんですか？」

かつての私みたいに、動揺し、まごつく乗客を目撃しては、うんうん、わかるよと熱い同情のまなざしを送ってしまう。車内に注意書きがしてあるし、バスの運転手さんもアナウンスしているのだけれど、案外気がつかないものなのだ。

システムを心得ている地元民は、料金箱のところでもたつくことがない。バス停の少し手前、赤信号でバスが止まったタイミングで、おもむろに運転席のほうへ近づき、さっと両替を済ませて、２３０円を手元に準備。やがて停留所にバスがすべりこむと、スマートに料金を支払って、颯爽と降りていくのだった。かっこいい。その無駄のない一連の動きに憧れた私は、さっそく真似をして地元民ぶった。いまはタッチ決済で、もたもたすることもなくなった。

ちなみに、もっと慌てるのは違う行き先のバスどころか、異なるバス会社のバスに乗ってしまったときである。

京都市内ではいくつかのバス会社が運行していて、私が乗車する率が高いのは、市バスと京都バスの2種類である。これがややこしい。

市バスは薄緑色に濃い緑のラインの車体、京都バスはベージュにあずき色の車体。街中の主要路線を走る市バスに対して、京都バスは嵐山や鈴虫寺、比叡山、三千院のある大原など中心部から離れた観光地と京都駅を結ぶ路線を主に走っている。

ああ、だったら私には関係ないわ、移動は街中だけだし。との油断は禁物。京都バスが市バスと似たルートを走っていたり、停留所が同じ場所にあったりして、うっかり違うほうに乗ってしまった！　という事態が起こるのだ。

やっかいなのは、支払い方法の違い。降りるときに料金を払うだけでいい市バスとは異なり、京都バスは乗るときに番号札を取り（またはＩＣカードをかざし）、降りるときに番号札の料金を支払う（またはタッチ決済する）方式。市バスは一律２３０円（一部区間は除く）だけれど、中距離の京都バスは走行距離によって料金が異なる。その仕組みは、初心者にはほぼミステリーである。

京都バスに乗車したとき、番号札を取り忘れた私は、降車の支払いでつまずいて、

「あれ、すみません、私いくらなんでしょう？」

アホな質問をぶっ放すことになった。

「何番ですか？」

「ごめんなさい。わからないです……」

「どこから乗りました？」

「えっと、バスの車庫があって……。バス停の名前がわからないんですけど。高野なんとか……」

ああ、それだったら、と運転手さんが料金を提示してくれ、無事に支払いを終えてバスを降りたものの、1分近くも手こずってしまった。スマートな地元民を目指していたのに悔しい！


でもやっぱりバスは楽しい。ドラマがある。

昭和の時代に商店街として賑わったという千本通を南下するバスに乗っていたら、後ろのおばあちゃんふたり組が
「このごろは、布団屋がなくなったなあ……。昔は打ち直しでつこてたけども」

「そうやなあ……」

としみじみ思い出話。

「千本通は、とくに店が変わったわ。私ら街中に出たら浦島太郎やね」

ふたりであははと笑った。いつの時代のどんな心象を、ふたりは窓外の風景に重ねたのだろうか。想像したらなんだか切なく、ほろりとした。

北大路駅から市内に向かうバスのなかでは、ギャルなお姉さんが、

「あいつ、嫌なやつやなあ……源頼朝」

と話しているのを聞いて、むむ？　耳がダンボになった。歴女さん？　歴史上の武将が会話にのぼるとはさすが京都。と感心したけれど、たぶん大河ドラマの感想だった。

新撰組みたいなコスプレをしているお兄さんを、同じ路線で何度か見かけたこともあった。これまた、さすが京都。と唸ったものの、そんなにしょっちゅうというのは、もしやコスプレではなく私服では？　と思い改め、頭のなかが疑問符だらけになった。

週末の夜、京都駅から自宅方面へ向かうバスに乗ったら、発車してまもなく後ろに座る女子の携帯がぶるるるっと震えた。

「もしもし？　うん。……え？　なんで？　出張っていうから、ひとりで来たのに。そう、もう京都。だったら急いで戻るよ、下りの新幹線まだあるかな……。調べてみる、ちょっと待っててて！」

電話の相手はきっと恋人だろう。楽しみにしていた週末のデートがキャンセルになって、彼女はひとり、京都へ旅に出た。そこへ彼から突然の連絡。

彼女は次のバス停が近づくと、居ても立ってもいられない様子で、前方の料金箱へ駆け寄り、大きめのトートバッグをぐいっと肩にかついで、息を弾ませバスを降りていった。その後ろ姿がまぶしかった。ねえ、恋人に振り回されてない？　なんか心配だわ。とにかく自分を大事に、幸せにね。などと窓の外の彼女へ届かぬエールを送った私の頭の中では、ユーミンの曲「シンデレラ・エクスプレス」が再生されていた。

人間はその個性に合った事件に出逢うものだ。

かの名作エッセイのなかにある一説を、私は脳裏に引っ張り出す。おばあちゃんと布団屋、源頼朝、新撰組、恋人のもとへ帰る彼女……。これまで遭遇した脈絡のないさまざまなドラマは、なぜ私の目の前で繰り広げられるに至ったのだろう。どんなところが、私の個と引き合ったのか。そこには、どういう意味や暗示が含まれているのか。

京都の街を走るバスに揺られながら、私はぼんやりそんなことを考えている。

ひとり旅しよう

ひとりが好きだ。でも、ひとりで旅に出るほどではなかった。

友だちと一泊や二泊の旅行に行くことはあっても、「ひとりで行ってくるわ！」と、仕事でもないのにオットを置いて遊びにいくのは、なんだか気がひけてしまう。夜ごはんだって、ひとりよりふたり、あるいはもっと複数人で食べたほうが、飲みもの食べものをシェアできるしなあ……。と、ひとり旅になかなか食指が動かなかった。

ところがである。京都が、そんな私を変えてしまった。ある日、私はこの街が、ひとり旅にめちゃくちゃ寄り添うシティだと気づいてしまったのである。

それは、オットが出張で不在だった、ある週末。ふと思い立って左京区の自宅を飛び出し、街中のホテルを拠点に一泊二日のひとり旅をすることにした。数ヶ月前に愛猫を亡くした私にとっては、傷心旅行でもあった。ビストロのカウンター席でディナーを食べ、夜はホテルの大きな湯船のお風呂に浸かり、翌日は朝ごはんをしみじみ味わって、市内を思いのまま観光してみた。予想していたよりもはるかに気楽で、食事も存分に楽しめ、そして信じられないぐらい心が慰められた。京都、いいじゃん！　となって、以来私は、京都ひとり旅に目覚めたのである。

以前から感じていたのだけれど、この街は基本、ソロ活さんに優しい。

ひとりでいても浮かないし、ひとりがすんなりなじむ。たくさんの観光客に紛れてしまうから。とか、京都の人がよそさんをお客さん扱いしてくれるから。とか、いくつか理由は思いつくなか、〝サイズ感〟もたぶんそう。道路が狭く細く、とくに古い町家が残る一帯なんかは、大人数でぞろぞろ歩くより、ひとりのほうが小回りがきく。間口が狭い町家を改装した店も同じくで、大きなグループにはちょっと窮屈だ。逆にひとりだと、ほどよく篭れる感があって、心地がいい。

先日、ニューヨークの友人が家族旅行で京都に来ることになった。夜ごはんを一緒に食べようとなって、I got it! とっておきの店を予約するね！　と張り切ったものの、「ぜんぶで11人」と言われて、心折れた。ないのよ、そんな大勢で宴会する店。いや、あるんだろうけど、私の知ってる京都の街と、大人数が結び付かなかった。

京都の店が全体的に〝静か〟というのも、ソロ活の追い風になっていそうである。

思えばニューヨークのレストランは、にぎやかを通り越して、狂ったように騒々しかった。ＢＧＭが爆音でかかり、客たちはその音を乗り越えんとしゃべり倒す。なぜあんなに大きな声が腹からでるのか。人生のいつどこで、あの腹式発声を身につけたのか。か細い声がＢＧＭと一体化して、相手に届く前に消えてしまう私は、忌々しくも羨ましい気持ちでニューヨーカーたちを見つめていた。彼らのなかに、単身ぽつんといると、ひとりがことさら強調される、気がする。友だちのいない寂しい人みたいな悲愴感が、勝手に発動されてしまうようで居心地が悪かった。

その点、京都の店は心配無用である。ＢＧＭは控えめで、なんなら無音の店もあり、客のしゃべり声は密やか。黙々と食事をしているグループも散見されるほど。だからひとり静かに食していても目立たないし、孤立感をまったく感じない。割烹、定食屋、麺処、喫茶店……、ひとり向けのごはん場所に困らないところもまた良し。大箱ではなく小箱の店ばかりだし、カウンターだけなんていう店もざらで、ソロ活に有利なのだ。

ソロ活向けのコンテンツが充実しているのも京都の強みである。静謐な寺社仏閣はいくつもあるし、ひとりで無心に眺める枯山水の庭もそこここに。おひとりさま向けの手ごろなホテルもごまんとある。マイペースに見てまわれる骨董市から、写経、坐禅といっ

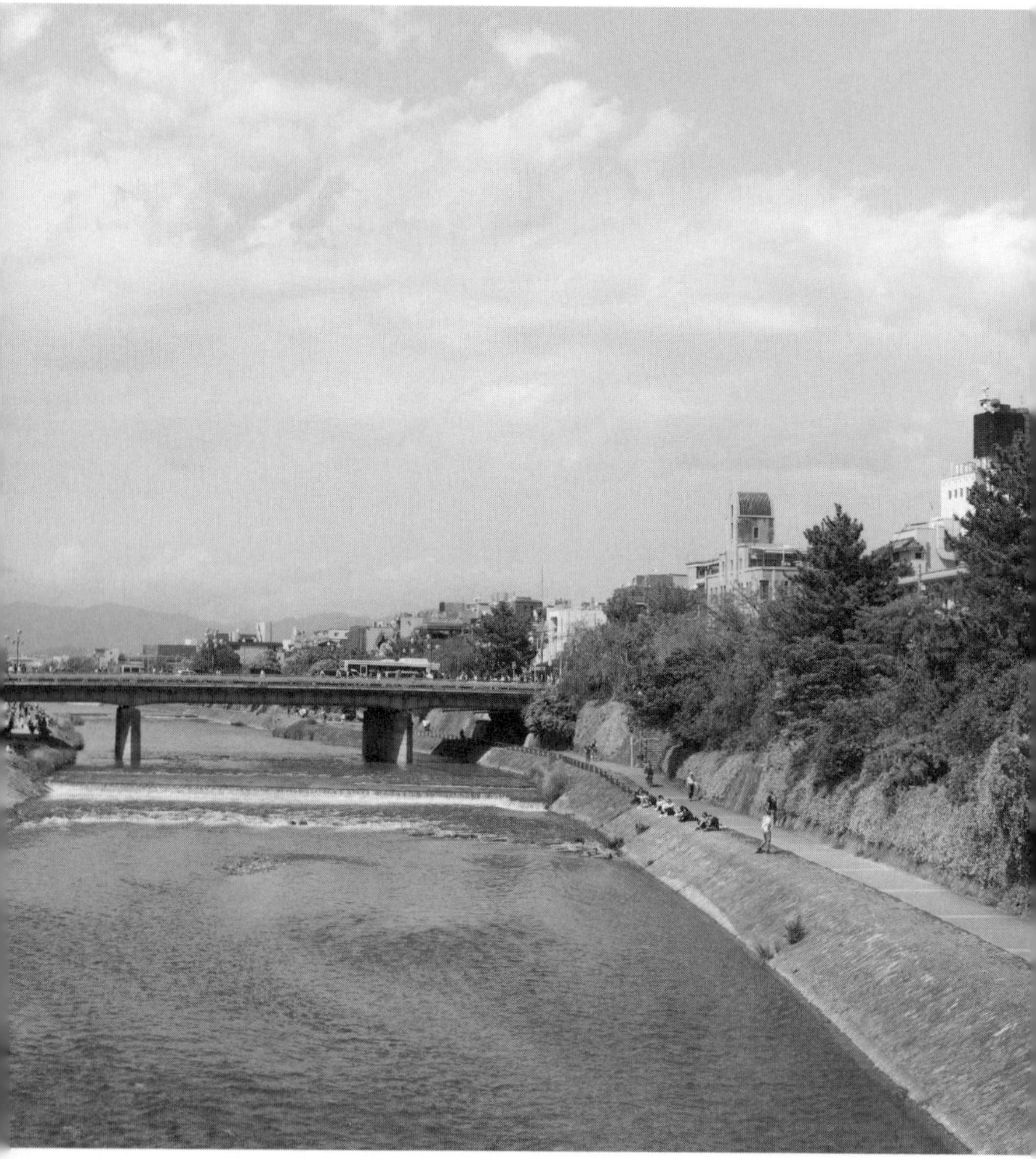

た体験型、銭湯にサウナ、ひとりでたそがれる鴨川まで。そういう先々で、ソロ活仲間にたびたび出くわすのもまた、心強かったりする。ああ、ひとりじゃないんだ。ひとりだけど。と、ほっとするのだ。

というわけで、私の京都ひとり旅、モデルプランはこんな感じ。

午後3時、ホテルにチェックイン。宿泊先は、大浴場付きホテルにかぎる。なぜって、夕方早めにお風呂に浸かり、軽く汗を流せば空腹感が増し、夜ごはんのための下地を整えることができるから。「ごはんをいかにおいしく食べるか」は旅の、いや人生のテーマである。

大浴場付きホテルといえば、三井ガーデンホテル京都新町 別邸、ホテルリソルトリニティ京都など、数々あるなか、お湯で選ぶならホテルモントレ京都を推したい。最上階にスパ・トリニテという、なんと天然温泉の大浴場を備えている。湯上がりには、街が一望できるラウンジへ。遠くに霞む見慣れた山々が、なぜかうっとりするぐらい夢幻的。単にのぼせていただけとの噂もあるけれど、ひとり旅はいつもの景色をマジカルに変えてくれる。

夕食は、カウンター席のある店へ（おすすめは巻末のガイドページを参照のこと）。カウンターに座ると、店主や居合わせた他のお客さんと話ができて、単調なひとり行動のスパイスになる。

ほろ酔いでホテルに戻り、テレビを見たり、読書をしたり。またお風呂に入ったりして就寝。翌朝は早起きをして、月に1回開催される骨董市に向かう。この街に住んでいれば、いつでも行けるかと思いきや、〝朝早く〟が怠け者の私には難しい。旅はやる気を奮い立たせるのだ。

1時間ほど骨董市をぐるぐるし、お腹が空いてきたところで、朝ごはんの店へ（こちらも巻末のガイドページで紹介）。朝食をじっくり味わったら、食後は禅寺をハシゴして、枯山水の庭にどっぷり浸かる。

とある縁側に腰かけ、ぼーっと放心していたところ

「背中が丸いなあ。姿勢は大事や」

と鋭い声が飛んできたことがあった。

えっ？　私？　振り向くと、作務衣に身を包んだ住職らしき初老の男性が、こちらを見据え立っている。

「姿勢がよければ、呼吸が隅々まで行きわたる。それが思考や心持ちにも影響する」

は、はいっ！　思いがけず喝をいただいて、背筋が伸びた。こういう収穫も、きっとひとり旅ならではだろう。

お昼は、だし料理十《じふ》へ。昆布やかつお節などをあえて料理の主役にすえたこの店では、旨みがぐいぐい迫るウェルカム出汁で始まるコース仕立てを選択したい。出汁をとっぷり含んだ前菜の野菜のおひたしに圧倒され、堕落した味覚が劇的リセット。〆のにぎりめしや国産小麦の自家製麺では感極まり（幅広の〝ぱすた〞麺にまぐろ節とペコリーノチーズのトッピングとか、もうなに！）、食への向き合いかたをあらためて自問したり

して、禅寺の庭を眺めるのにも似た作用があるのだった。
食後は、食材店や和菓子店、ギャラリーなどを目がけバスを乗り継ぎ、南へ西へずんずん歩く。夕方になったらお茶休憩。ギャラリー日日《にちにち》に併設されたティールーム冬夏《とうか》で日本茶と菓子をいただくのもいいし、梨木神社内にあるCoffee Base Nashinokiで、コーヒーブレイクもいい。どちらも京都自慢の湧水を使用していて、水の清らかなおいしさと、その威力にはっとさせられる。
さあて、そろそろ家に戻って夜ごはんの支度をしなくては。と帰路につくころには、溜まっていた心の重荷がすっきり降ろされて、足取りが嘘みたいに軽い。ひとり旅だと全方向に感覚がひらかれるからだろうか、空いた心のスペースには思い出とともに、ひらめき、発見、反省、導きといった新しい積み荷がぎゅうぎゅうである。

なるほど、ザ・祇園祭

お祭りや季節行事には、あらがえない、なにかがある。ついそわそわしてしまう。だから京都の夏の一大イベント、祇園祭も当然気にはなっていたのだけれど、人混みが苦手な私は二の足を踏んでいた。尋常ではない人出が予想される沿道は恐怖だし、真夏の炎天下のなか場所取りするのも、つらい。

と、思っていたら、あるとき「祇園祭は1ヶ月間にわたって行われる祭り」だと知って、へ？　となった。なんと毎年7月、連日さまざまな神事や祭事が執り行われ、そのハイライトが、山鉾と呼ばれる山車が街中を練り歩く、あのテレビでよく見る山鉾巡行《やまほこじゅんこう》なのだそうだ（17日の前祭《さきまつり》と、24日の後祭《あとまつり》の2回催される）。だから人混みの沿道や炎天下の場所取りとは無縁の見どころが、ほかにもたくさんあるらしい。知らなかった！

いざ、〝山鉾巡行以外の〟祇園祭へ出かけた私。地元の人のアドバイスも参考にしつつ見出した、いまのところの〝マイベスト祇園祭〟は、宵山《よいやま》や、宵々山《よいよいやま》と呼ばれ、夕刻

から催される前夜祭や前々夜祭である。

なにがいいって、巡行を控えた山や鉾が街中に建つ勇姿を、ぶらぶらとそぞろ歩きしながら、至近距離で眺められること。釘を使わずに組み立てられる鉾と、それを運び動かす巨大な木製車輪の迫力。ゴブラン織りのタペストリーなど、山鉾を彩る装飾品の緻密な美しさに、ため息。時間帯によっては「コンチキチン」で知られるお囃子を生で聞けたりして、わー、テレビで見た祇園祭だ！　と歓喜の声をあげずにはいられない。

なかでも前祭の直前、16日の宵山と、15日の宵々山は格別。一部歩行者天国となり、ずらり露店が並ぶ、その賑々しい夏祭り感がいい。

通り沿いに建ち並ぶ飲食店では、ビール、ハイボール、ワインのほか、かき氷、鶏のから揚げ、水餃子にビリヤニと、多彩な限定フードが販売され、歩きながらの買い食いがやめられない、止まらない。それなりに混むし人も多いけれど、脇道にそれれば小休止できるし、陽が傾き暑さが少し和らいでいるのも助かる。

最高潮は、午後8時過ぎ、陽が沈んだあとの時間。山鉾に灯された提灯《ちょうちん》がオレンジ色の明かりを放ち、夕闇のあちらこちらに、ぼわん、ぼわわん、とまるでイリュージョンのように浮かびあがる。ちょっと鳥肌がたつほど幻想的。夜祭りって、なんていいものだろうと、しみじみ感じ入るのだった。

宵々山や宵山を満喫したら、あとは山鉾巡行をテレビで観賞するだけ。と余裕をかましていたところ、京都の知人からダメ出しがあった。

「知ってます？　祇園祭のメインは神輿《みこし》なんですよ」

えー！　山鉾を拝む、イコール祇園祭じゃないの⁉

知人いわく、祇園祭は疫病を鎮めるため、八坂神社の神様を神輿で担ぎ出したのがそもそもの始まり。だから、神様を乗せた3基の神輿が八坂神社を出発し、氏子の町内を巡って、四条通にある御旅所《おたびしょ》へ安置される神幸祭《しんこうさい》と、1週間後に再び神輿が町内を巡り、八坂神社へ還る還幸祭《かんこうさい》が、祇園祭の真髄なのだという。

ちなみに山鉾は、神輿が通る道を浄める役割を果たす。たとえば前祭の17日に練り歩く23基の先頭がいつも長刀鉾《なぎなたほこ》（大長刀を鉾頭に付けている）なのは、「長刀で結界を切る」意味があるのだとか。

長刀鉾といえば、お稚児《ちご》さんと呼ばれる小学生の男児が同乗することでも知られる。お稚児さんは神の使い。選ばれるのは大変名誉なことで、家族親族が総出でホテルの宴会場を貸し切り、お稚児さんおめでとうパーティを催していた、なんて証言アリ。なんだかお金がかかりそうだな、と思ったら、衣装代やら関係者へのお礼やらで、数百万円どころでは済まないとの噂も。さすが天下の祇園祭！

神輿が巡るのは、山鉾巡行のあと。17日（前祭）の夜と、24日（後祭）の夜である。ならばと17日の午後6時過ぎに、神輿見物へ出かけた。

八坂神社下で3基がそろい、神輿を高々と担ぎ上げたり、回したりする出発式が見どころと聞いて出向いたものの、時すでに遅し。大勢の人だかりで、背の低い私に見えるのは、人間の頭ばかり。これは無理だ、と早々に諦めて、神輿が通る三条大橋の上で待ち伏せすることにした。

「19時10分ぐらいにはやってきますよ。今年は遅れてますねぇ」

神輿がやってくる東の方角をしきりに気にしていると、横にいた初老の男性から有益情報。聞けば毎年、祇園祭の山鉾巡行や神輿を欠かさず見学している、祇園祭追っかけマンだった。

「各地の祭りの神輿には担ぎ屋さんがいて、全国からわざわざ担ぎにやってくる」とか、「そういう人は、たいがい肩に神輿こぶがある」という神輿トリビアから、「私も神輿担ぎに誘われたけど、一度参加したら辞められないんですよ。会社を休めないんでね、断りました。ははは」との経験談までを披露されている間に、いよいよ最初の神輿がやってきた。

「ホイットホイット！」の勇ましい掛け声と、神輿の装飾品や鈴がじゃらんっ、じゃらんっ！　と暴れ鳴る音があいまって、橋上の空気がいっきに震えた。揃いの白い法被に身を包み、ねじり鉢巻をした１００人を超える男衆たちの、むんっとした圧がすごい。ある者は神輿を担ぎ、ある者は扇子を仰いで神輿のまわりを取り囲みながら、一丸となってこちらへ向かってくるのだ。薄墨に染まる背景に、金色の神輿がなんとも神々しい。

「ホイットォ、ホイットォ〜」

男衆の声にあわせ、そばにいた地元のおじいさんが、手を叩きながら声をかけると、
「ホイットホイット！」
つられて私も、横に並んだお姉さんも、思わず叫んだ。見物人を巻き込み、一体となる神輿の熱気たるや。これが祇園祭なのか！と、またもや鳥肌がたった。
そのあと2基の神輿を見送って、無事3基コンプリート。快い充足感に包まれながら、私の祇園祭が幕を閉じたのだった。

年イチの餅菓子

私は、〝年に一度のもの〟に弱い。

節分になると欠かさず恵方巻きをほおばり、クリスマスには予約注文した限定ケーキに丸のままかぶりつく。大晦日の紅白歌合戦は、特段気になる歌手が出演するわけじゃなくても、なんだか観ておかないと気が済まない。ミドルエイジを突き進み、残りの人生あとどれぐらいかと無意味な計算をするようになったためか、最近は〝年に一度〟が、ますます軽視できなくなってきた。

そんな私を真夏の京都で駆り立てたのが、年に一度、祇園祭の真っ最中である7月16日にだけ発売される和菓子、行者餅《ぎょうじゃもち》だった。

販売するのは、八坂神社のほど近くにある、京菓子司の柏屋光貞《かしわやみつさだ》。コロナと同じような疫病が流行したその昔、夢に現れた修験道の祖である役行者《えんのぎょうじゃ》のお告げにより、行者の衣類を模したお菓子を作って、祇園祭の山鉾のひとつ、役行者山に供えたのが発祥といわれている。山椒が香る白味噌の餡を包んだ菓子、と聞いて、白味噌モノと山椒モノにダブルで目がない私は、がぜん燃えた。それは食べてみたい！

調べてみたところ、当日の朝は9時開店。以前は予約販売をしていたそうだけれど、現在は店頭販売のみ。3個入りや5個入りがあって、1時間や1時間半並んで買えたとの体験談があった。

以前、京都の友人から

「京都人は行列が嫌い。うどん屋や町中華の列に1時間も並ぶなんて考えられへん」

と聞いたことを思い出し、並ぶといってもたかが知れてるよね。と甘くみて、開店時間の30分前、8時半に現地に到着した。

店の前からつづく行列を目にして嫌な予感。最後尾はどこだろうと列を追うごとに、どんどん焦る。歩いても歩いても終わりが見えないのだ。なんと、店の近くの角を曲がり、坂道をのぼって、さらに角を曲がった先まで、２００メートルを超える長蛇の列ができていた。よく考えたら日曜日。祇園祭を目当てに観光客が市内に山ほど滞在しているわけで、そういう人たちのことを計算に入れていなかった……。うわーん、バカな私め。果たして行者餅を無事、買って帰れるのだろうか。

太陽がだんだんと高さを増し、じりじり日差しが照らすなか、列は遅々として進まなかった。1時間が経ったころ、

「こんなに行列したん初めて見たわ！」

「やめとこ、また来年～」

早々に諦め、列に並ばず引き返す人たちを目撃。その懸命な判断力が自分に備わっていなかったことを呪った。いまとなっては「せっかくここまで並んだのだから……」との意地が勝ち、ますます列から抜け出せない。

スマホのアプリで小説を読み、インスタグラムを流し見して、気を紛らしながらやり過ごす。ぼーっと、無の境地で列に並ぶこと2時間。いよいよ、あの角を曲がって少し歩けば、柏屋光貞さん！という距離になったら急激に欲が押し寄せてきた。ここまできたのだから、なんとしてでも買って帰りたい。どうか、いや絶対に、私のところまでまわってきますように！祈る気持ちで列に並び続けた。

ようやく角を曲がって、前方にお店の存在が目視できるかどうかのあたりに到達したときだった。どこの誰とも知らぬ男性が通りすがりに

「もう売り切れらしいです～」

列に並ぶ私たちに、非情な言葉を言い放ったのだ。

ええええぇぇぇ！！！！！！

ざわつき、悲鳴が漏れる。〝売り切れ〟の言葉が刺さって、痛い。すぐ前に並んでいた、見ず知らずの女性と顔を見合わせ、

「いま、売り切れって言いました？」

「うそでしょ、悲しすぎます。えー、ほんとうなんですかね？」

ふたりであたふた。ここまで並んで売り切れとは悔しすぎる。死んでも死にきれん。

すると、お店の関係者と思われる別の男性が、すぐにこちらに歩いて向かってきた。

いわく、餅がなくなりそう。もしかしたら終わってしまうかもしれないので、そのときはすみません、というようなことだった。

残酷なアナウンス。しかし私たちにとって、それは朗報でしかなかった。

「よかったー！　まだチャンスはあるってことですね」

「危ないところでしたね。さっきの人のひと言で、列から抜けたりしたら大変だった」

「ほんとに！」

私と女性との間には、にわかに連帯感が生まれた。

「お願い、みんな買うのを1箱にしてほしい……」

そう私が呟くと、女性が
「あの、もし私が最後の1箱になったら、お分けしますね！」

なんという慈悲深き言葉！　心優しき同志よ！　女性にハグしたい衝動をおさえ、私はそわそわ足踏みしながら、ついにやってくるであろう瞬間を待った。

あと5人、あと3人……、前の女性が店内に入り、いよいよ次は私の番。ちらっと目の端でとらえたところ、店内に残っている在庫は、あと10箱あるかないかである。

よっしゃーーー買えるーーーー！！！！

先に会計を済ませた女性と笑顔で会釈してから、3個入り、１２００円を入手。

「朝早くから並んでいただいて。ありがとうございます」

と声をかけてくださった女将さんに
「いえいえ、こちらこそ、貴重なお菓子をずっと作り続けてくださって、こうして朝早くから販売していただいて。あの、ありがとうございます。もう、感謝です。ありがとうございます、ほんとに」

興奮のためうわずった声で、暑苦しい御礼の言葉をぐだぐだと述べ、店をあとにした。

持ち帰った行者餅は、自宅についたらすぐに封をとき、記念写真を撮って、さっそくひとつ、ぱくりと口へ運んだ。

クレープみたいなしっとりした焼き皮を折り畳んだなかに、むっちりした求肥と、甘じょっぱい白味噌餡。忍ばせてある山椒のシトラス感が、うだる暑さで火照った体内を、シュッと閃光のように駆け抜けた。爽快でいて、上品。さすが京都らしい雅な味である。並んだ甲斐があった。生涯忘れられない食体験になった。

行者餅のために並んだ3時間近くの間に、気づいたら日に焼けていたようで、私の右肩はノースリーブの形にくっきりと焼け、夏の終わりまでぽろぽろとしつこく皮が剥けた。私はそれを「行者餅焼け」と誇らしく、まわりの人に触れてまわった。

もっとも美しい夜

8月16日といえば、五山《ござんの》送り火である。

浴衣に身を包み、欄干にしゃらりと腰かけた女優が、うちわを扇ぎながら燃える大の字を、うっとり眺めている——。

子どものころ目にした某蚊取り線香のCM（しかも最後に、ぼぼぼっとブランド名の文字花火）が、脳裏に焼きついている私にとって、五山送り火は〝大文字《だいもんじ》焼き〟というエンターテインメントであり、たとえるならナイアガラ花火的な存在だった。

だから、京都で8月16日を迎えたときは、

「ねえ、大文字焼きがあるよ！　見に行こうよ！」

と、花火大会に出かけるぐらいのはしゃぎっぷりで、オットを誘った。

住んでいた北区の家から、鴨川までは歩いて15分ほど。橋の上からなら遮るものがなく、大の字がよく見えるだろうと踏んで、点火開始となる夜8時少し前をめざし、ぶらぶら向かった。

メジャーな橋ではないからと油断していたら、橋上はすでに老若男女で溢れ、暗がりのなか巨峰の粒みたいに連なる人間の頭が、そろって東南方向にある山肌を向いている。私たちも同じように向きを揃え、真っ黒な山を目を凝らして見つめた。

「そろそろやな」

「あ、光った！」

方々から声があがる。

わあ、ほんとだ。ほら、山肌にちらちらとオレンジ色の炎が灯りはじめてる。

オットと指差し、話していたら、あっという間に大の字がぼんわり浮かびあがった。

「うわー！　すごいすごい！」

スマホを構え、きゃっきゃや歓声をあげる私。生まれて初めて「大」の字を生で見られて大興奮。

しばらくして、背後の橋の反対側がざわめいた。振り向くと、今度は北側の山肌に、船の形をした炎が浮かんでいる。

「わっ！　船！　船！」

オットの腕をひっぱり、カメラを向けて体を乗り出したときだった。

誤って足を踏まないよう隣の人へ視線を向けたら、白髪をひとつにまとめた年配の女性が、船のほうへまっすぐに向いて、ぎゅうっと目を閉じ、静かに合掌していたのだ。胸がどきりとした。すごくバツが悪い気がした。私は浮かれ騒ぐのをやめ、山肌の炎がやがてしゅおしゅおとしぼみ、漆黒の山に戻るまで、無言で見守った。

　後日、その話を京都の友人にしたら、

「送り火は、宗教行事だからね」

と言われて、はっとした。そうか。ちょうどお盆の時期、ご先祖さまの霊を〝見送る〟から、送り火なのだ。ナイアガラ花火だなんて、不謹慎きわまりない。

「だから京都の人は、大文字焼きとは呼ばへん」

とも教えてくれた。ああ、無知で恥ずかしい。

　五山送り火があるならば、当然迎え火的な行事もあると知ったのは翌夏のこと。別の知人が教えてくれた。

「六道珍皇寺《ろくどうちんのうじ》に、ご先祖さまの魂を迎えに行くんですよ」

　祇園にほど近い場所に建つ六道珍皇寺は、都で亡くなった人たちのかつての葬送地である鳥辺野《とりべの》の入り口に位置し、〝あの世とこの世の境目〟と呼ばれている。お盆になると、冥界とつながるとされる境内の井戸（「小野篁公《おののたかむらこう》冥途通いの井戸」と言われている）を通ってご先祖さまが帰ってくると考えられ、その先祖の霊を迎える〝六道まいり〟という御《み》魂《たま》迎えの行事が鎌倉時代頃に始まったとか。いまでも毎年お盆に先立つ8月7日から10日まで催されている。

高野槙《こうやまき》を購入し、本堂の前でご先祖さまの戒名を水塔婆《みずとうば》に書いてもらったら、あの世にまで鳴り響くという〝迎え鐘〟をついて、本堂へお参りする。すると鐘の音を頼りに、ご先祖さまの霊（京都では、お精霊《しょらい》さんと呼ばれている）がこちらの世界に戻られ、高野槙の葉に乗って、それぞれの自宅へ一緒に帰るのだそうだ。なんてロマンのある慣習だろう。お精霊さんが宿る高野槙は、お盆の期間、精霊棚や仏壇に供物とともに飾るという。

半年前に愛猫のミチコを亡くした私は、その話を聞いて、ミチコの魂を迎えに行かずにはいられなかった。葉っぱにミチコの魂がひょいと乗っかり、我が家に運ばれて戻ってくるだなんて心が弾む。私はいそいそと〝六道まいり〟に出かけたのだった。

蒸し暑く、滝汗がしたたる夏の夕刻。鴨川にかかる松原橋を渡り、〝六道まいり〟の垂れ幕に導かれてしばらく歩くと、六道珍皇寺に到着した。朱塗りの山門をくぐると、参道の両脇には高野槙を販売する屋台が並ぶ。陽に焼けた男性がふたり、忙しなく手を動かし、槙を裁いていた。

「あの、初めてなんですけど……」

緊張しながら、年配の男性に話しかけてみる。

「この槙を持って、お参りするんですよね？」

「そう、そう。この槙に、ご先祖さんの霊をお迎えするんよ」

手を動かしながらも、親切に答えてくれた。

「あの……。人間、じゃなくてもいいんでしょうか……？」

突拍子もない質問に、男性が一瞬手を止め、

顔をあげて、私に聞き返したところで、

「ああ……、ペット？」

「そんなんやないやんなぁ！」

と、横から若いお兄さんが割って入った。

「いや、はい、猫なんですけど……」

「ほらペットやん」

「いやだから、ペットやないねん。家族やから」

聞けばお兄さんも半年ほど前に、愛犬を亡くしたばかりだという。

猫の霊を迎えたいなんて私を怪訝な目で見るでもなく、面倒くさそうにあしらうでもなく、温かく接してくれるふたりに、思わず目が潤んでしまった。

「うん、あのね、こういうのは気持ちやから。槙をこうて、本堂にお参りして、鐘をついたらええよ」

私を慰めるように男性が差し出してくれた槙は、40〜50センチほどの丈があって、たいそう立派だった。松に似たツンツンとした葉が、ほうき形の束になって、太い枝のところどころから伸びている。

私はふたりに頭を下げ、言われたとおり、槙を手に本堂へお参りをし、壁の穴から垂れ下がる鐘の綱を勢いよく手前に引っ張って、グウォォーン！　と迎えの鐘をついた。

びびりだったミチコが轟音に驚いて、隠れちゃったりしないといいんだけど……。

そんなことを考えながら、ミチコの魂が宿っているだろう槙を抱えながら、満たされた気持ちで自宅へ戻った。

そうして、8月16日の送り火の日がやってきた。

左京区のマンションへ引っ越したいま、どこから送り火を眺めようかと思案していたら、友人がオフィスの入居するビルの屋上から大の字がばっちり見えると誘ってくれた。

五山送り火には点火の順番があって、東山の大文字山に大の字が灯るのを皮切りに、北の松ヶ崎方向に妙と法の文字、さらに西賀茂方向に船形、そして西の大北山《おおきたやま》に左大文字、最後に嵯峨の鳥居形と、東から北をとおって西へと時間差でつづく。「魂が船に乗って鳥居をくぐり、あの世へ戻る」とのストーリーらしい。

ビルの屋上からは、黒い山肌に浮かび上がる東の大文字がくっきり、はっきり見え、ついでに法と、船の一部も拝むことができた。みんなで思い思いに写真を撮ったあと、私は最後にそっと手を合わせ、「ミチコ、またね」と小さくつぶやいた。

荒々しい性格だった元野良猫のミチコ。船に同乗しているほかの魂さんたちに、シャーとかフーッとかしてませんように……。

送り火のミチコを想像して、ひとりでふふっと笑った。

　京都の知人から聞いた話によると、五山送り火の現場では、厄除けを願って家族や自分の名前を書いた護摩木が一緒に焚かれるそうだ。病名と名前を書いて焚いてもらうと、病が癒えるとも言われている。

　祖先を敬い、愛する亡き人に思いを馳せる。ある人は家族の無病息災を、ある人は自らの病の治癒を願う。京都の人たちの無数の祈りが、五山に煌々と灯る炎とともに、深い藍色の空へと昇華する。8月16日の送り火の夜は、私の知るかぎり、京都でもっとも美しい夜である。

妖怪・塩対応

「京都こわい」で語られがちなのが、京都人の塩対応である。

たしかに私もこの街で経験がある。京都に移住する数年前のこと。旅行で訪れたときに乗ったタクシーの運転手さんが、塩だった。

「すみません、えっと、うえきょうく？　たわらやちょうの……」

私がスマホを片手に、目的地の住所をたどたどしく告げると、

「住所言われてもわからへん」

運転手さんに食いぎみで遮られた。ひぃ！

住所しかわからないのにどうしようと、あわてて地図アプリを開く。

「じゃあの、かわらちょうとまるたちょうの、交差点のところで……」

慣れない通り名を凝視しながら、〝河原町丸太町〟を読み上げると
「かわら、ま・ち、まるた、ま・ち。で、どっち側？　あがったとこ？　さがったとこ？」

きたーーー！　すかさず読みかたの訂正が入ったうえ、さらに難易度の高い、上ル・

下ルを聞かれる始末。

ちなみに、上ルは北へ行くこと、下ルは南へ行くことで、京都特有の表現である。これ、関東人の私には理解不能。だって地元でも東京でも、目にしたことがなかったから……。

頭ごなしに否定され、いい年をした大人の私もさすがにへこんだ。怒りが湧くよりも先に、シュンとしてしまった。撃沈。京都よ、もっと優しくしておくれ。

そんな苦い思い出話を、ある夜、飲み屋のカウンターでしていたら、横にいた京都生まれのお兄さんが参戦。いわく、いけずなどの決めつけに京都人は普通に傷つく。自分たちは決して気難しくないのに……と悲しい気持ちになるのだそうだ。

「京都で嫌な人に出会ったっていうのもね、よく聞きますけど。たまたま性格の悪い人に出会っただけやと思うんですよ。

東京にも神奈川にも、沖縄にもいますよ、性格が悪いタクシーの運転手さん。どこの県にもいるはずやと思うんです」

ふむ、なるほど。真理をつくコメントに唸った。

たまたま遠慮のないドライバーだっただけなのに、場所が京都なだけで、つい「塩対応された！」と私が過剰に反応してしまったのかもしれない。「ほらみろ、さすが京都人だ」「やっぱり、いけずだ」と、この街の人をステレオタイプ化するのは、メディアの影響を受けた他県人の悪いクセである。

とはいえ、店主の対応が「塩だった」というのは、やはり京都ではなんども耳にする話である。

飲食店に入って、席がいくつも空いているのに「いっぱいです」と無下に断られたとか。地元の人と思われる別のお客さんに対する接客とは、明らかに温度差のある対応をされたとか。あれ？　もしかして差別されてる？　塩対応された側は傷つく。

「いや、それはいけずやいじわるじゃなくって。誰を優先するかっていう順位がはっきりしてるだけやと思いますよ」

そう教えてくれたのは、京都で書店、誠光社を営む堀部篤史《ほりべあつし》さんである。京都の店を支えているのは観光客だけではない。毎週、毎月、足しげく通ってくれる馴染みの客こそ大切な存在だ。だからたとえば喫茶店だったら、常連が心おきなく過ごせるよう席をぎゅう詰めにしないとか、いつもの特等席を空けておくなどの配慮が、あたりまえに取られる。

京都のすべての店に当てはまるわけじゃないけれど、と堀部さんは前置きをしたうえで、そういう対常連客と、対それ以外の客への「ダブルスタンダードは存在する」ときっぱり言うのだった。そうなのか！

ダブルスタンダード、イコール差別ととらえるか、単なる区別ととらえるか。ありえないことだと非難するか、当然のことと理解を示すか。店主と客の意識が合致すれば、双方ハッピー。店側と客側に意識のズレがあり、不和が生じたときには、妖怪・塩対応がぬっと現れ、私たちをうろたえさせる。

万人受けする商いがマニュアル化されている大都市とは違って、店主それぞれのポリシーが色濃く反映された個人経営の店が多く残る京都では、よりその確率が高くなるのではないか。と私は踏んでいる。だから「京都の店は塩対応」などと安易にジャッジされてしまうのだ。たぶん。

ところで、京都人とのコミュニケーションを円滑にする秘策がある、と話すのは、京都出身の知人だった。それは、

「とにかく大きな声で挨拶をすること」

いやいや、小学生のスローガンじゃあるまいし。と笑った私に、

「これほんと。元気に挨拶をすれば、京都の人は相手を無害な人だと思って安心するんです。自らすすんで挨拶をしてこない人も多いけど、そんなことは気にしないで自分のほうから挨拶！」

おかげで、これまで京都に移住してきた彼の友人知人はみなトラブル知らずだという。

ならばと私も、明るく挨拶を心がけている。京都の店に足を踏み入れたときは、なおさら。ついでに妖怪・塩対応を遠ざけるおまじないになればいいなあ、なんて思いながら……。

あれもこれも追いつけない

「京都って忙しいんですよ。行事が多くて、追いつかないんですよね」

物件探しでお世話になった、京都R不動産の水口《みなくち》貴之さんからそう聞いたのは、まだ移住したてのころ。正直、ぜんぜんピンとこなくて、

「へえ～、そうなんですね～」

と生返事をしてしまった。だって、なんといっても忙しいのは東京であり、ニューヨークであって、たぶん京都ではない。この街は時間の流れがスロー。なにかに〝追われる〟なんてことは、ありえないはずだ。

それから3年近く経ったいま、ああ、あの言葉はほんとうだった……と、私は心底共感している。京都は本気で追いつかない、追いつけない街なのである。


まず、伝統行事がひっきりなし。

5月の葵祭《あおいまつり》、7月の祇園祭、そして10月の時代祭が、京都の三大祭りと言われている

けれど、この街の祭りはそれだけにあらず。三大奇祭と呼ばれる、今宮神社のやすらい祭、鞍馬の火祭、太秦《うずまさ》の牛《うし》祭《まつり》のほか、十日ゑびす大祭、節分祭、貴船の水まつり……。なんせ古社寺がたんまり残存する街である。あらゆる神事祭事が、日々あちこちで行われているのだ。五山送り火といった宗教行事も含めたら、年間で百を超える行事が催されているらしい。

だから、

「あー、あのお祭り見たかったのに。気づいたら終わってた……」

の繰り返し。まったく追いつかない。

季節行事も、もちろんたっぷり。梅や椿の祭り、夏の川床《かわどこ》や納涼床《のうりょうゆか》、中秋の名月、12月の事始《ことはじ》め。桜の季節は市内各地で桜祭り、紅葉のシーズンもしかり。年イチのイベントに目がない私は、季節限定モノを逃さないよう必死である。

くわえて、定例のイベントもある。毎月開催される東寺や北野天満宮での骨董市、岡崎公園の平安蚤の市、百万遍《ひゃくまんべん》や上賀茂の手づくり市。それから文化財の特別公開、お寺でのピアノ演奏会といったイレギュラーなイベントも。美術館の展覧会だってあるし、ああ、もう忙しい、忙しい！

さらに京都は、アートイベントにも事欠かない。

二条城の二の丸御殿、明治時代の洋館、商家の京町家など、普段は立ち入るチャンスのないようなスペースで、国内外のフォトグラファーの作品を鑑賞できるKYOTO《キョウト》GRAPHIE《グラフィー》京都国際写真祭。

同じく通常は公開していない空間などで、映像や音に焦点をあてたインスタレーションが展開される、AMBIENT KYOTO《アンビエント・キョウト》。2回目となる２０２３年は、元印刷工場内に設置された横長のスクリーンにて、故・坂本龍一と、アーティストの高谷史郎《たかたにしろう》による作品を公開。美しく、激しく、儚く、勇ましい。永遠に浸っていたい名作だった。

そしてやはり２０２３年が2回目の開催となった、京都モダン建築祭。じつは京都の街は、近現代の建物の宝庫。期間内はレンガづくりの洋館から、和洋折衷の町屋まで、憧れの希少建築が一般に開放され、中に足を踏み入れ見学ができる。昔のタイルや窓枠、暖炉などの意匠に萌えまくった。

食に対し貪欲な私にとって、悩ましく、嘆かわしいのは、食べものに追いつけないことである。

京都は季節の食材がめまぐるしい。春の山菜、たけのこ。夏の鱧や鮎。秋の栗、きのこ。冬の蟹、雲子、鴨。できることなら食べ逃したくない。それどころか、〝あの店の季節の味〟もあって、某食堂の夏の鱧天そば、新年の白味噌雑煮、老舗京寿司店の夏の焼き鮎寿司に冬の柚子ひらめ寿司、人気フルーツパーラーの初夏限定の甘夏ゼリー……。

忙しさにかまけて、そのうち、そのうちに、なんて思っていると
「しまったー、食べ損ねた！」

という哀れな結果に終わる。

そんな私が目下もっとも追いつきにくく、攻略が難しいと感じるのは和菓子である。

ご存じ、京都の街は和菓子天国。江戸時代に砂糖の使用を許可され、上生菓子の製造が特別に許された老舗の京菓子司から、日々のおやつに欠かせない大福や饅頭などを製造する街の餅屋さんまで。店舗数はいったいいくつになるのだろう。まずはガイドブックに頻出の有名どころを制覇するぞ！　と意気込んでも、一朝一夕で済む話ではない。

私の焦燥にさらに拍車をかけるのが、各店頭に並ぶ旬の和菓子である。

お正月の花びら餅、春の桜餅、端午の節句の柏餅、6月の水無月《みなづき》、秋の栗きんとんや

栗餅、栗おはぎ。よく知られているそれらに加え、椿餅、うぐいす餅、ひちぎり、花見団子、よもぎ餅、若鮎（鮎調布）、土用餅、月見団子、亥の子餅と、〃一年でこの時だけ〃の刹那な和菓子が山ほど存在するのだ。ひーっ！

「今年こそは食べたい！」

と血眼になり、手帳に記録するものの、仕事だ、猫の通院だ、風邪ひいた、うっかり忘れた、なんだかんだで取りこぼし、来年に繰越すパターンが後をたたない。

京菓子司の上生菓子にいたっては、二十四節気ごとに新しいものが販売されたりもして、悦ばしいやら、気が気じゃないやらで白目になりがちである。上生菓子が自動的に届く定期便があったらいいのに〜。

ああ、いったい私はどうしたらいいんでしょうか？

220年続く老舗の京菓子司、亀屋良長の当代、吉村さんに泣きついたところ（泣きつかれても困る）、

「ひとつのお菓子を食べ比べてみたらどうですか？」

との提案があった。たとえば、水無月にターゲットを絞り、さまざまな店の水無月を食べ比べてみる。見た目は似ていても、店によってレシピはもちろん、用いる材料も異なるそうだ。

「生地のもちもち具合、使っている小豆の種類と香り。けっこう違いがある。店の個性が出るんですよ」

と吉村さん。水無月ではなく、上用饅頭の食べ比べでもいいし、各店の代表銘菓だけを狙っていろいろ食べてみるのもおすすめだとか。たしかにそうすることで、自分好みの味と店の傾向がおのずとわかってくる。散漫になりがちな和菓子への欲望が、だいぶ整理整頓されそうである。

さっそくアドバイスどおり、まずは大好物である柏餅の食べ比べを画策している私。あの店とあの店、あっちの店のも食べてみないと。鼻息ふがふが、張り切って和菓子店をリストアップ。あー、結局やっぱり忙しい!

精進料理バトル

なにか京都っぽいこと。たとえば習いごとをしてみよう。ある日、そう思い立った。ニューヨークから遊びに来る友人たちが、自転車で古社寺を巡るツアーに参加したり、刺し子のワークショップに熱中したりして、きゃっきゃしているのを目の当たりにし、うらやましくなったのかもしれない。

せっかく京都にいるのだ。私も体験せねばもったいない。じゃあなにを習おう？ 弓道、着付け、組紐……。いろいろ候補があるなか、食い意地がはっている私の興味は〝食べもの系〟に一直線。精進料理の教室へ出かけてみることにした。

日本最大の禅寺といわれる妙心寺。その塔頭《たっちゅう》である東林院《とうりんいん》では、毎週2回「精進料理を体験する会」が開催されているという。一度申し込んだら何回も通わなくてはならない会員制ではなく、都度申し込みをして参加するビジター方式。門戸が広く、ハードルが高くないところがうれしい。

さっそく電話で空き状況を問い合わせようとしたら、なぜかオットが「俺も行ってみたい」と意欲を示し、京都在住の友人も「私も!」と乗り気だったので、3人で仮予約。

そのあと往復ハガキで正式に申し込み、8月下旬の平日に東林院へ向かった。

妙心寺の境内が思いのほか広く、時間ぎりぎりに到着。受付を済ませたあと、宿坊も併設されている建物内を歩いて通されたのは、流し台やガス台にぐるりと囲まれた調理室だった。さすが禅寺、きりっと片付けられ、まぶしいほどの清潔感である。テーブルの上には、レシピ冊子のほか、調理道具や材料がすでに用意され並べられていた。

10:00　和合茶礼（レシピ説明）
10:30　料理作り開始
11:40　終了、盛付、整理、配膳

壁にかかっているホワイトボードには、時間割が記され、家庭科の調理実習みたいだった。わくわく期待感のなかに、ピリッとした緊張感が心地いい。

料理教室は、レシピ本をいくつも出版されている東林院の住職、西川玄房《にしかわげんぼう》さんが主宰で、季節の食材を用いた精進料理を、参加者が調理するスタイル。お坊さんのストイックな食事法を学ぶ場というよりは、家庭向けにアレンジされた精進料理のおかずを体験できる場となっている。

待ちきれずレシピ冊子をめくると、その日のメニューは揚げなすのおろしうどん（麺！やった！）、炒めなすの和え物（おお！　なす祭り。夏だものね）、そして枝豆のデザート（枝豆!?　どんな味なんだろう？）の3つ。時間になると住職が登場して、まずは精進料理とはなんぞやを説明されるところから会がスタートした。

料理を作る、そして食べることは、坐禅や掃除と同じく、禅の教えをふまえた修行である。禅の教えとは、五戒のひとつ〝不殺生戒《ふせっしょうかい》〟であり、生きものを殺さないとの戒め。肉や魚を避けるだけではなく、野菜や果物にも命はあるのだから、それらを無駄なく活用する、つまり〝生かす心〟に目覚めるべきである。と住職は説く。

「すべての食材に命がある。私たちの生活は犠牲の上に成り立っているのだから、食材はもちろん、電気、水道、そういう生活の中の無駄もないように。生かすため精進努力するのが、本来の不殺生戒です」

精進料理、イコール、動物性の食品を用いないヴィーガン料理。ぐらいの浅い認識だった私は、深遠な禅の教えに感心しきり。住職のお話が聞けただけでも教室に参加した意義が十分にある。

レシピの細かな説明があったあとは、いよいよ調理スタート。私たち3人で1チームとなり、3品を作ることになった。調理場には助手の方が常駐していたものの、基本は「さ、どうぞ」とこちらの裁量に委ねられる丸投げスタイル。自分たちでレシピを見ながら、役割分担を考え、時間内に調理を終える、料理バトル番組さながらの様相となった。

え、どうしよう。1時間ちょっとで3品？　途端に焦る私たち。レシピと材料を交互に睨みながら、手順を相談。

「俺、枝豆茹でる！」

「じゃあ私は薬味を切るね」

「うどんつゆを混ぜます！」

さすが無駄に歳を重ねていない大人3名。急にスイッチが入って、てきぱきとしだし、チームワークがまわりだす。まずは、時間内に枝豆のデザートを寒天で固めるという最大ミッションに取り組みつつ、合間に洗い物と、別の料理の下ごしらえ。なすを切って揚げ、大根をおろして……。なんだかんだと忙しく、オットがいてくれて助かった。美容師で手先が器用なうえ、ちゃっちゃと手際もいいのだ。その姿を見た助手の方が、

「本業は、料理人なの？」

とたずねたほどだった。いや、さすがに褒めすぎだと思うけど。

途中、住職が何度か進捗状況をチェック。「あと10分！」料理バトル番組よろしく、声をかけあって、調理から盛り付けへと一気にラストスパート。気がかりなのは、冷蔵庫の枝豆寒天だ。流し込んだ型を揺らし、「わーい！　固まってるぅ！」と3人でハイタッチ。そうして無事3品が、時間内に完成した。


ふーーっ。思わず額の汗ぬぐう達成感。朱色の漆の器に盛り付けた自分たちの料理のほか、東林院で用意してくださった味噌汁、高野豆腐と野菜の炊いたもの、漬物などを、脚付きの膳に載せ、庭の見える畳の部屋へ運んだ。あとは白飯をよそったら、待ってました、試食タイムである。住職が再び登場し、禅寺で食事の前に唱える「食事五観文《しょくじごかんもん》」を全員で唱和してから、実食となった。

麺食いの私は、まっ先にうどんへ箸をのばす。昆布と干し椎茸でとった出汁に、薄口

しょうゆとみりん、塩で味つけをしたうどんつゆは、淡白でさっぱり。そこに揚げなすのパンチがちょうどいい。あざとい市販品の味になれた舌が、原点回帰するようだった。ちなみに、なすは水に晒してアク抜きせず、そのまま素揚げせよ、と住職。「アクは持ち味。持ち味を殺したら味じゃない。アクとクセは上手に活用するもの」。うむ、私自身のアクもなんとかうまく活用したいものである。

炒めなすの和えものは、ミョウガや大葉といった夏の薬味が爽やか。控えめな味つけだからか、調味料として使ったゴマ油の旨みがしっかり感じられた。普段、ゴマ油を乱用しがちな私は反省。なにごともバランスが肝要である。

懸念していた枝豆のデザートは、無事固まったものの、なんだか味がぼんやりしていて、3人で「うーん」と顔を見合わせてしまった。時間内に固めなければ！　と気が急いていたため、味見するのを忘れていたようだ。

白飯もうどんも平らげ、お腹いっぱい。住職も食べてくださったらしく、食後に総評があった。「なすは炒めが少し足りんかった」とか「枝豆のデザートは、塩を入れ忘れたやろ」と、ずばりなダメ出しがあって、3人で苦笑。自分たちで膳を下げて皿を洗い、調理道具やテーブルの上を片付けたら、最後に住職への質問タイムとなった。

気になったのは、枝豆のデザートにクリームチーズが用いられたことだった。チーズは乳製品。つまり動物性なので、ヴィーガン料理ではＮＧである。精進料理には使っても構わないのだろうか？

対する住職の答えは、牛乳とは子牛を育てたら不要となるもの。捨てられてしまうもの。それを人間がありがたくいただくのは、つまり〝生かす〟ことであり、「不殺生戒を一歩進めたものである」とのことだった。

精進料理とは、厳格で細かなルールに縛られた不自由な料理。勝手にそうイメージしていた私は、つっこみ芸人に頭をどつかれたような衝撃だった。大切なのは、核となる禅の教えと、心のありよう。食材の選びかたや調理法は、むしろ柔軟で自在なのである。

精進料理に限らず、私は伝統が守られている京都のモノコトに対して、保守的だと決めてかかる向きがある。でも、〝守られ受け継がれる〟には、住職の言葉を借りれば「一歩進めること」が、常に対となっている。よく伝統と革新なんてキャッチフレーズがあるけれど、まさにその通りなのだと腹落ちした。

最後に住職から、秋の献立には冬瓜のカレーあんかけも登場すると聞いて、えっ、カレー？　精進料理なのに⁉　とつい反応してしまった私。おっと、いけない。また精進料理を枠にはめようとしているじゃないか。そういう凝り固まった思考をもみほぐすためにも、折を見てまた、精進料理を体験する会に参加してみたいと思っている。

おいしい三角買い

京都のいいところって、どこ？

この街で親しくなった人に、たびたびそう質問すると、みんなが声を揃えて名指しするのは、やはり鴨川である。朝、散歩に行く。ランニングする。河原でお弁当を食べる。ビールをぐびり。花見。コーヒー。ワインと読書。ただぼーっとする。

ニューヨークに暮らしていたときも、よく同じ類の問いを友人に投げかけたけれど、「セントラルパーク」との声が圧倒的多数だった。鴨川もセントラルパークも、その存在意義が似ているなあと思う。街の主として、いつもそこにある安心感。日常の延長線上で、あるいは日常からわずかに離れるために、地元の人々が足を運ぶ余白のような場所。春夏秋冬、朝焼けから月夜まで、さまざまな顔を見せてくれる自然劇場でもある。

私もそんな鴨川がこの街にあることが、京都に移住する理由のひとつだったたし、いまでも三条大橋や四条大橋を通るときは、つい足を止め、欄干から澄んだ鴨川の水をじっと見下ろしたり、鴨川がパーフェクトに映える橋上からの景色をカメラにおさめたりしてしまう。

同じように鴨川の写真を飽きずに撮ってしまう、と話していたのが、ライターの大和《やまと》まこさんだった。いまや雑誌の京都特集に欠かせない、京都のプロ、まこさん。じつは他県からの移住組で、この街に暮らして20年を超える大先輩である。あるときスマホのカメラロールを見せてもらったら、「え、移住したての人?」というぐらい、初々しい鴨川の写真で埋め尽くされていて、笑ってしまった。

「鴨川は夕焼けがね、とくにきれい。空が広いから。北のほうを見たら山が重なってる感じも好き。でも京都の人には『えー、そんなんなってた?』って言われちゃって」

少し不本意そうなまこさんの気持ちが、１００パーセント理解できた。この街に暮らして以来、私も同じパターンの繰り返しだからである。

鴨川の水ってすごい透明度ですよね。きれい。魚が泳いでるのが目視できるなんて!

お豆腐屋さんで売ってる油揚げ、おいしい。しかも、やたら大きいのはなぜ?

うどん屋のテーブルに七味唐辛子じゃなく山椒があるんですね。京都人はどれだけ山椒が好きなの。

この街での発見を私がそう伝えると、京都の人はたいてい

「へぇ、気づかなかった」

「言われてみたら、そうやねえ?」

などと返してくる。地元の人にとってはあまりにあたりまえのことなのだろう。すっかり慣れてしまって、気にも留めていないのだ。でも関東人で移住者の私は、なんで? どして? すごい! が止まらない。最近は〝ひとりケンミンショー〟と揶揄されたりしている。

まこさんがもうひとつ、京都のいいところとして挙げたのが、買い物のときに行きつけがある、ということだった。

いわく、お揚げを買うなら賀茂とうふ近喜《きんき》。豆乳は千代《ちしろ》豆腐店が好き。野菜だったら、みどりなすっていう八百屋さん、朝びきの鶏肉を買うなら出町桝形《でまちますがた》商店街の鶏肉屋もいいし、錦市場の近くにある鳥政本店も。「これを買うならここがいい」の好みに合わせ、街中を東へ西へ巡って買い物をする。ちょっと面倒くさいけれど、「京都じゃないとできないし、うれしい」と話すのだ。

わかるー!!

私はずいっと身を乗り出して同意した。

大手スーパーや商業施設に駆逐されていない、優良な個人店が街にまだたくさん残っているのことが、そんなお買い物を可能にしている理由のひとつ。とくに手づくりで味のいい豆腐や油揚げを販売するお豆腐屋さんの多さに、私は色めきたった。かつて暮らしていた東京の渋谷では、豆腐はスーパーやデパ地下で買うもの。個人経営のお豆腐屋さんは絶滅危惧種だと思っていた。

京都が意外にコンパクトな街であることも、この三角食べならぬ、おいしいものの〝三角買い〟を可能にしている。街の端っこから、端っこまで移動しても、バスで1時間以内。ものすごくざっくりだけど、それが街の大きさの体感である。だから、お豆腐屋さん、八百屋さん、お肉屋さんを自転車や車でぐるりとまわって、さくっと買い物を済ませることが難なくできてしまうのだ。


ちなみに、私の行きつけはというと、お米は、はちぼく屋。減農薬や無農薬のお米を取り揃えているうえ、その場で希望の分づきで精米してくれる。無農薬のコシヒカリは玄米で、9割減農薬の仁多米は八分づきで、2〜3キロずつ定期的に購入している。野菜は、里の駅大原でまとめ買い。豆腐は、嵯峨豆腐《さがとうふ》森嘉《もりか》。油揚げもひろうす（がんもどき）も絶品。家で飲むワインは、もっぱら仔鹿。日本酒なら、にしむら酒店。調味料やお惣菜は、スーパーのフレンドフーズ。コーヒー豆は、自家焙煎のカフェWIFE&HUSBANDの焙煎所Roastery DAUGHTERにて。

オンラインで、どんなものも取り寄せられる時代。大型のショッピングモールに行けば、一度でほぼすべての買い物を済ませることだってできる。楽だし、時間の短縮になるから私も利用するけれど、手間でも面倒でも、専門店をひとつひとつまわって買い物をするほうが、自分を大いに喜ばせることができるのだ。〝あの店の好きな味〟を手に入れた日は、スキップして家に帰りたくなるぐらいの多幸感。これ、食いしん坊だからこそ得られる幸せなのだとしたら、食いしん坊って手っ取り早くて単純な、なかなかいい趣味ではと思ったりもする（多少のお金はかかるけど）。

わざわざ専門店に足を運ぶ理由には、原初的な暮らしへの回帰みたいな側面もありそうな気がしている。〝効率のよさ〟とか〝便利〟を突き詰めてしまった私たちは、体や心がおのずと逆方向へ舵を切ろうとしているのかもしれない。

とにもかくにも、衣食住にまつわる商店が健在、お買い物道楽にもってこいの街が、京都なのである。

ところで、まこさんと「じゃあ逆に、京都の苦手なところは？」という話になった。

「駅前になんにもないこと。何年住んでも、それに慣れなくて」

まこさんの答えを聞いて、なるほどねぇ、とうなずいた。

たしかに他の街では、駅前にスーパーやコンビニ、ドラッグストアがひと通り揃っていて、自宅へ帰る前にさくっと買い物を済ませられる。買い忘れたヨーグルト、切らしていたキッチンペーパーを、帰り道でまかなえてよかったー。というアレが、京都では叶わなかったりする。

我が家の最寄駅なんて、駅前にコンビニすらない。あるのはバスとタクシーが停車するロータリー、以上。鉄道や駅ありきで土地開発がされていない京都の街は、そもそもの成り立ちと、駅のありかたが違うのだなあと実感する。

そんな話をもし京都の人にしたら、「え、そう？　気づかへんかった」などと、また言われてしまいそうである。

手厳しい、おみくじ

私のまわりで「怖いぐらいに効く」ともっぱらの噂が、六波羅蜜寺《ろくはらみつじ》のおみくじである。なんでも四柱推命をベースとしていて、おみくじよりは占いに近く、有効期間は2月4日から一年間。

「おみくじを引くために、毎年2月に京都へ来る友だちがいるんだよね」

という友人からの情報を小耳に挟み、なぬ！　ますます興味がわいた。そこまで信頼されているおみくじ、引きに行くしかないでしょ。雪のちらつく2月半ば、急ぎ足で寺へ向かった。

本堂内にあるおみくじ場所には、すでに10人を超える行列。台の上に用意されているファイルで自分の生年月日と性別が交わる欄の番号を確認し、忘れないよう頭のなかで繰り返し唱えながら、列に並んで待つことしばし。窓口で番号を伝え、４００円を納めると、該当する〝開運推命おみくじ〟が、うやうやしく授与された。

受け取ったおみくじは、折り畳まれた一般的なおみくじとはずいぶん違って、大判な一枚紙。B５版ノートほどの大きさがある。紙質もぺらぺらではなく、厚みと質感があって立派だ。大吉や凶といったお決まりの記載は見当たらず、筆書き風の文字で、大運（10年ごとに変化する運勢）と年運（その年の運勢）が記され、それらに基づく運勢と、金運、仕事運、恋愛運などが解説されている。

四柱推命を学問的に研究していた人の協力を得て、先代の住職が始めたという、この開運推命おみくじ。じつは、中吉とか小吉とかの「うん、まあ、悪くないよね……」みたいな生ぬるいおみくじとは違って、なかなかシビアなお言葉が、がつんと書かれていることでも知られている。

たとえば私が引いたおみくじの大運は「傷官《しょうかん》」、年運は「印綬《いんじゅ》」。〝周囲からの援助が得られにくく、信頼も失われやすい年廻り〟とあって、えーー、たしかに手厳しい。

「そうやってね、気にされる人がおるけれども、違いますよ。悪いことが起こったらあかんさかい、気をつけなさいと書いてある。おみくじやからね、あなたの人生を決めるものではないんです」

しょんぼりしていた私に教え諭してくださったのは、取材でお会いした六波羅蜜寺の住職、川崎純性《かわさきじゅんしょう》さん。おみくじは生きる上での指針であり、幸せをつかむためのツール。好ましくない結果を嘆くのではなく、前向きにとらえることが開運への鍵なのだそうだ。はい！

ちなみに住職が引いたおみくじも、〝思うことがうまく進まない〟という、なかなか容赦ない内容だったそう。しかも後日、さっそく的中したらしい。

「でもきっと自分の力足らずや、ひとりよがりがあったかもしれんから、もっぺんよう考えなさいという意味やと私はとらえました。大きな反省が与えられたわけやね。まあ、内心はショックやったけども！」

そう言って笑う姿を見て、失礼ながらほっとしてしまった。住職のような方でも、人生は決して思いどおりにならない。みんなそれぞれに、浮き沈みの波があるのだ。日々、精進するのみである。

開運推命おみくじは、その性質から何度も引く必要はなく（同じおみくじが渡されるだけなので意味がない）、年に一度引いたら、境内の木に結びつけず、手元に大切に保管してたびたび見返し、生活に役立てるべきだそうだ。

私は教えどおり、折に触れて開運推命おみくじを引っ張り出し、眺めた。

〝不遇だと感じる原因は、自分自身にも問題があるのだという事を考えなければなりません〟

〝頑固になり人の善意を疑ったり、嫉妬の気持ちを抱いて心ない行いをすることは慎まなければなりません〟

ぐうぅ……、あいかわらず私のおみくじは、鋭利な言葉で斬り込んでくる……。しかし不思議なもので、そんなときは必ずといっていいほど、「たしかに、そういえば」と思い当たる出来事があり、ずしんと心に響いて、襟を正すことになるのだった。いやはや、開運推命おみくじ、恐るべし。じゃなくて、ありがたや、である。

ところで開運推命おみくじには、それはもうびっくりするぐらい〝いいこと〟しか書かれていないものが、なかにはあるらしい。来年こそは、そのおみくじを引き当てたい！と、欲深い自分に呆れつつも、あらたな開運推命おみくじの一年が始まる2月4日を心待ちにしているのだった。

京の食材どう食べる？

家族や友人が京都へ遊びにくると、

「これ、おいしいから買ったほうがいいよ！」

と、マイラブな調味料や漬物を押し付けがちな私である。せっかくの京都だし、よそでは買えないかもしれないからと、ありがためいわくな親切心を披露してしまう。

友人で料理家の小堀紀代美《こぼりきよみ》さんと、市内を巡ったときもそうだった。食材店で
「これこれ！　絶対買いなやつ！」

「うちはこの大きいサイズを使ってる」

聞かれてもいないのに、プロの料理家にしつこくおすすめ攻撃。祇園にある、ごま専門店のむら田では、定番の煎りごまや練りごまのほかに、

「絶対に欠かせないのが、これ！」

と、微細な切り海苔が瓶詰めされた、「錦糸のり」を手に力説した。

素直な小堀さんは「じゃあ私も～」と手に取って、東京へ帰って行ったけれど、後日

「どうやって食べてるの？」とＬＩＮＥメッセージが届いた。ああ、それはね、うちではたらこパスタにわさっと載せて……。などとやりとりしていたら、小堀さんが「京都の食材には、食べかたがいまいちわからないものがある。どうやって食べているか知りたい」という。料理家にも、京都の食材は未知なるものなのだなあ。

私だって以前は、ほとんどわかっていなかった。

大徳寺納豆ってどう食べるんだろう？

湯葉って、いつ、なにに使うもの？

京都ならではの食材に興味はあるものの、食べかたが不明で手が出せなかった。割烹や居酒屋で「こう食べるのか！」と発見したり、または人づてに聞いたレシピを家で再現したりするなかで、だんだん使いかたを心得て、我が家のレパートリーに加わっていった感じだ。

たとえば大徳寺納豆は、いまや麻婆豆腐に欠かせない。

蒸した大豆を麹菌で発酵させ、天日干しで乾燥させた大徳寺納豆は、その昔、唐より伝えられ、中国の豆豉が原形ともいわれている。ねばねばの納豆とは違い、糸は引かず、黒褐色。匂いは味噌っぽく、味もだいぶ塩辛い。日本酒のアテや、お茶漬けに使う人もいるけれど、どちらも私にはピンとこず。だったら豆豉の代わりにしては？　と麻婆豆腐に用いたところ、旨み炸裂のおいしさで、以来、常備必須の調味料となっている。

レシピはこんな感じ。豚ひき肉または鶏ひき肉を、しょうがのみじんぎり、豆板醤と炒め、火が通ったら、細かく刻んだ大徳寺納豆を大さじ1ほど加え混ぜる。ひと口大に切った豆腐、豆腐が十分にかぶるスープ（冷凍保存してある茹で豚や茹で鶏の茹で汁を利用）または好みの出汁を加えて煮る。醤油を入れて20分ほど。スープが半分ぐらい煮詰まって、豆腐に味がしみしみになったら、片栗粉でとろみをつけて完成。粉山椒とラー油をかけて。刻みネギを載せてもいい。

できあがりはまっ黒。うわ、味が濃そう……と危ぶまれる見た目かもしれないけれど、心配無用。鋭い塩みはなく、大徳寺納豆の酸味や甘みが交錯する、立体的な味わい。中華料理店のエネルギッシュな麻婆豆腐とはちがって、まるく、なごやかで滋養にあふれる。そのくせ、ごはんはぐんぐん進む。

たびたび買い求める京漬物は、白ごはんと一緒に食べるだけだと飽きてしまうことがある。そんなときは料理に応用している。

しば漬けは、ポテトサラダに。

茹でて皮をむいたじゃがいもを、スプーンなどで細かく潰し、粗熱がとれたら、汁気をしぼったしば漬け（大きいようだったら細かく刻む）と、マヨネーズ適量を加えてあえるだけ（味をみて塩で調味）。醤油味などのついた〝味しば漬け〟よりも、塩で漬けただけの〝生しば漬け〟のほうが、しば漬けの持ち味がいっそう発揮されていい。赤しその香りで、いつものポテサラがちょっと和に傾く。だから酒の肴にもぴったり。

冬の名物、千枚漬けは、蒸し豚と一緒に食べる。これは以前、料理家の坂田阿希子さんに教えてもらった食べかた。塩をした豚肩ロースの塊肉を蒸し（あるいは茹でても）、食べやすい厚さにスライスしたら、半分に切った千枚漬けでくるりと巻いて、好みで醤油をつけ、白ごはんにオン。醤油は、青唐辛子を漬け込んだピリ辛のものだとなおおいしい。千枚漬け特有の酸っぱ甘い旨みで、驚くほど豚肉がさっぱり食べられる。

同じく京都の名物である、すぐき漬けは、細かく刻んでタルタルソースに混ぜる。かぶの一種であるすぐきを乳酸発酵させてあるため、特有の発酵香を放ち、ちょっぴりクセのある存在。我が家ではピクルスとして愛食している。タルタルは、いままでコルニッションで（小きゅうりのピクルス）を刻んで混ぜていたけれど、すぐきのほうがしゃきっとした歯応えが口のなかで楽しいし、発酵香がいい〝味〟になって光る。エビフライ、鮭フライ、なんにでも合う。

すぐき漬けはサンドイッチとも好相性。かりっと焼いたトーストに、マスタードやマヨネーズを塗り、海苔、薄切りのハム、薄くスライスしたすぐき漬けを挟むだけ。「なんだか店の味っぽい！」サンドイッチに仕上がる。

家ごはんになかなか定着しない食材に、湯葉があった。

くるくるっと巻かれた乾燥湯葉を出汁で炊いたり、割れ湯葉を茶碗蒸しや味噌汁に加えたり、うどんの具にしたり。そうやって楽しんではいたものの、常時ストックするまでは至らなかったのだ。子どものころから食べ慣れていないせいか、どこかハレ感があるからなのか……、日々の食事になじませることができないでいた。ところが、京湯葉専門店の千丸屋《せんまるや》本店で、お店の方に乾燥湯葉の炊き込みごはんを教えてもらってからは、すっかり常備乾物になった。

お米2合に同量の出汁、みりん、薄口醤油などを加え（我が家の配合は、塩小さじ2、みりんと薄口醤油を大さじ1ずつ）、徳用の乾燥湯葉（割れ湯葉）をたっぷり3つかみぐらい加えて炊く。湯葉からなんともいい出汁が出て、大豆のほっこりした甘みや香りが食欲をそそる。口に含むと、ごはんと絡まった、ふわふわ、もちもちの湯葉がたまらない。お弁当やおにぎりにして、冷めたものを食べても十分おいしい。定期的に食卓にのぼるメニューになった。

私の次なるターゲットは、関東の家庭料理では味わったことがなく、謎食材だった生麩である。小麦粉と水を練って抽出したグルテンを、餅粉とあわせて蒸した京都ならではの食べもの。生麩自体に強い風味はなく、よもぎ麩やごま麩など、組み合わせてある素材の味と香りで違いを楽しむものらしい。

昨冬、粟《あわ》を練り込んである生麩を購入。ひと口大に切って、試しにおでんの具に加えてみたところ大成功だった。生麩のむっちむち感が、関東おでんに欠かせないちくわぶを彷彿とさせる。粟のぷちぷち感もおもしろく、おでんの具の新定番になりそうな予感。

近いうちに挑戦したいのは、利休麩《りきゅうふ》。出汁、醤油、みりんなどで味つけした生麩を揚げたもので、こげ茶色の黒糖パンみたいな姿。とある店のお弁当を食べたところ、炊き込みごはんのトッピングに使われていて、なるほどねえ！　とメモメモ。これから我が家で、あれこれ食べかたを研究するつもりだ。

東西南北礼賛

ニューヨークに暮らすまで、東西南北の方位を気にとめたことがなかった。

駅の南口や東口は、あくまで形式的なもの。それが南の方位や東の方位に存在するとは、考えてもみなかった。誰かに道案内をするときに、東西南北を巧みに引用して説明したこともない。改札を出たら右に曲がって、そのまままっすぐ歩く。コンビニの角を左。銀行を過ぎて、交差点を渡って右。右か左が基本である。

だからニューヨーク生活を始めて、碁盤の目状に広がるマンハッタンの街が東西南北に基づいている事実を知ったときは、正直「げ、めんどくさ……」と嫌悪感でいっぱいだった。方角で言われてもわからないのよ。と。

ご存じ、アッパーイーストサイドは、セントラルパークの東側。反対に西側は、アッパーウェストサイド。ウェストヴィレッジ、ロウアーイーストサイドなど、マンハッタンのエリア分けは方角ありきである。

東西の横に走るストリートは、北へ進むごとに、East 45th Street, East 46th Street,

East 47th Street……と数が増え、南へ進むごとに、West 80th Street, West 79th Street, West 78th Street……と数が減る。南北の縦に走るアヴェニューは、東を流れるイーストリバー側から1st Avenue, 2nd Avenue……と続き、西へ向かうほど数が大きくなって、最西は12th Avenueとなる。

いまでは完璧に身についた、この東西南北システム。合理的で大変わかりやすく、どうせなら世界の街で採用してほしい、と思うほどだ。

なぜかって、道に迷う回数が、ぐっと減ったから。ストリートやアヴェニューの数字を確認すれば、自分が北へ進んでいるのか、西へ進んでいるのか、方角が一目瞭然。目的地の反対側へ歩いていれば、すぐに気づくことができる。

人から聞く道案内も、自分から伝える道案内も、東西南北ベース。位置の共有が確実で、ミスコミュニケーションが減った。ユニオンスクエアから北に2ブロック歩いたところ。とか。チェルシーマーケットの東側、2ブロックあたり。とか。数式に当てはめたかのごとく、すぱぱぱ！　っと瞬時に位置が理解できてしまうのだ。ミラクル！

かつて自分が東西南北音痴であったことも、方位&方角アレルギーを持っていたこともすっかり忘れ、私はにわかに東西南北礼賛の人になった。友人がニューヨークへ遊び

にきたときも、

「いまどこ？　公園の東側？　西側？」

平然と東西南北トークを展開し
「は？　方角で言われてもわかんない。右側！」

と、ムッとさせてしまったことがあった。すまぬ。


京都の街もまた、碁盤の目状に作られていて、東西南北でとらえやすいシティである。平安京造営の際に整備されたという、東西を横に走る大きな通りは、一条通、二条通、三条通、四条通、五条通……と北から南へ行くほど数が大きくなっていく。南北を縦に走る大通りは、堀川通、烏丸《からすま》通、河原町通……と、数字が用いられていないため初めは覚えづらかったけれど、一度頭に入ってしまえば、京都の街はすこぶる歩きやすく、迷子にもなりづらい。

でも、だからこその失敗もあって、先日、東京から遊びにきた友人と待ち合わせをしていたときのこと。「門のところにいる」とＬＩＮＥしてきた友人に、「どっちの門だろ？　北側？　南側？」つい悪癖が出て、東西南北で迫ってしまい、「えっと、だから右側に……」と友人を困らせてしまった。ごめん。私も東京に住んでいたときは、東西南北なんて考えてなかったじゃん。もちろん京都の街だって、いまのように方角で把握していなかった。

じゃあ、どうやって方角音痴の当時の私が、京都の街の地理を理解していたか。京都の名所や、好きな店の位置なんかを、まわりの人にどう説明していたか。というと、「左上のほう」とか「右上のほう」とか、子どもみたいな言い方をしていたのである。でもね、侮るなかれ。これ、東西南北が苦手な人にはだんぜんわかりやすく、スムーズに理解してもらえるはずである。

というわけで、題して〝私の京都、雑マップ〟を、ぜひみなさんと共有したい。詳細は、次のとおりである（地図は、１４４ページを参照のこと）。

まずは、ガイドブックによくある京都市の観光マップを想像してほしい。

新幹線が発着する京都駅や、京都タワーが地図のいちばん下側にある、アレだ。地図の上側（北側）は、ぐるりと山々に囲まれている。

駅からまーっすぐ上へ進んだ、一番上のあたりを〝上のほう〟と呼ぶ。上賀茂神社、地下鉄烏丸線の北大路駅や北山駅がある一帯である。

その左どなりが、〝左上のほう〟で、金閣寺や龍安寺《りょうあんじ》、北野天満宮などがあるエリア。

反対の右どなりが、〝右上のほう〟で、下鴨神社や銀閣寺がある。

少し下がって地図の中央、京都御所のある京都御苑や四条河原町の繁華街があるあたりが、〝真ん中〟。

真ん中の左側、二条城を含む一帯が、〝真ん中の左のほう〟。

真ん中の右側、平安神宮や祇園があるあたりが〝真ん中の右のほう〟となる。

下へ降りて、駅に近いあたりは、ざっくり〝駅に近いほう〟や〝下のほう〟。

京都駅の反対側（南側）は、ずばり〝駅の反対側〟である。

ちなみにこのエリア分けには「どの通りから、どの通りまで」みたいな細かな決まりはない。だって雑マップだから。おおざっぱでも、とにかくぼんやり頭に入れておけば、目的地の位置や、それぞれの距離感がつかみやすい、というレベルのものである。

たとえば、「上賀茂神社に行ってから、出町ふたばで豆餅を買おう」というときは、「上のほうから、同じ上のエリア内を移動するだけだから近いな」とか。「北野天満宮の骨董市に行ったあと、祇園でうどん食べたい」というときは、「左上から、真ん中の右の

ほうへの移動だと、ちょっと遠いなあ」など。頭のなかでざっくりマッピングすることで、近場のスポットを効率よく、まとめてまわれるようになる。

じつは私、3年近く京都に暮らしているけれど、いまだにこの「真ん中のほう」「駅に近いほう」などの雑エリアで街をとらえていたりする。だって、西陣と聞いても、うーん、なんとなく左上のあたり？　という感じでピンとこないし、「五条」と「清水五条」って言われても、それぞれどの一画を指すのか、いまいちわからない。

そんなわけで、この本の巻末に付属しているガイドページにも、京都雑マップに基づく、雑エリアを参考までに記してある。

京都雑マップなら、東西南北の感覚ある・なし問わず。位置情報を友人知人と手っ取り早く共有可能。東西南北脳の人からマウントを取られることもないので、一緒に旅する仲間と不穏な空気にならずにすむ。方向音痴の人も、方角が苦手な人も、きっともう京都の街の地理がこわくない、はずである。

私の京都、雑マップ

西陣とか東山とか言われてもわからないのよ。
東西南北だって苦手だし。
そんな我らのための、ざっくり、おおざっぱなエリア分け地図。

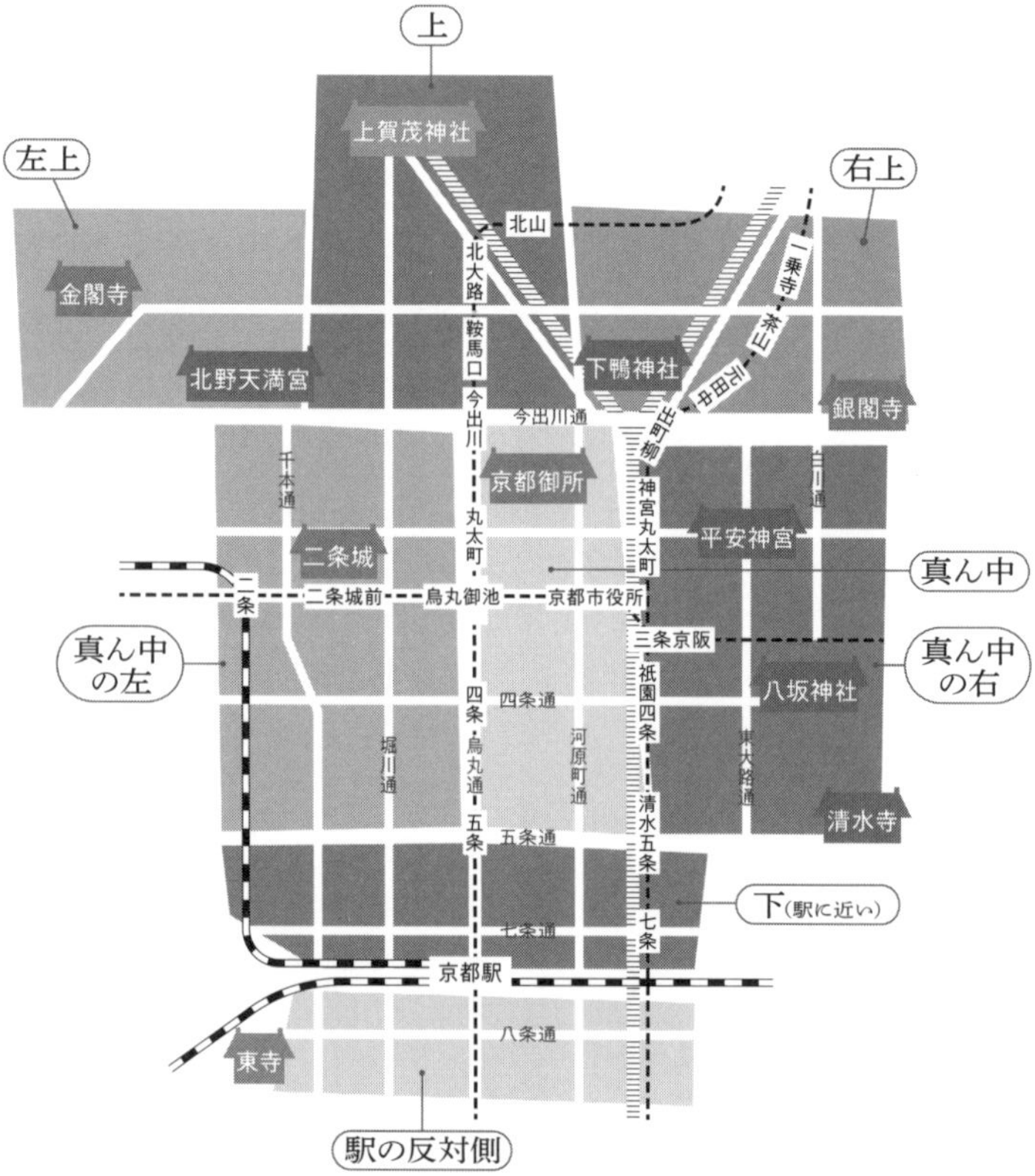

京都、私ならここ!

京都に行くよ、おすすめ教えて。
友人知人から投げかけられる質問に
「私ならここに行って、これ食べて、これを買う!」
勇んで答えまくる私の京都偏愛アドレス。

買う SHOPS

食べる EATS & DRINKS

見る SIGHTS & EVENTS

本書に掲載の情報は、2024年2月現在のものです。

営業時間や定休日、メニューの料金などは変更になることがありますので、ご了承ください。

価格は税込みです。

＼食いしん坊が、はずせない店は？／

美味が待ち受ける専門店からセレクトショップまで。保冷バッグを忘れずに。

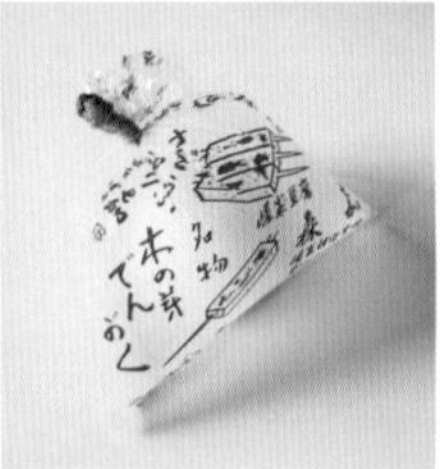

嵯峨豆腐《さがとうふ》 森嘉《もりか》

マップ外

京都ならではの“やわふわ”な木綿豆腐の発祥店。豆乳のたんぱく分だけを固めるにがりではなく、プリンみたいに水分も一緒に固めるすまし粉を用いた嵯峨豆腐は、ぷるぷる食感。冷奴でも、火を通しても「うま…」と声が漏れるおいしさ。夏限定のからし豆腐、百合根やぎんなんの具が詰まったひろうす（がんもどき）も必買。

京都市右京区嵯峨釈迦堂藤ノ木町42
☎ 075-872-3955
営 9:00–17:00
休 水
sagatofu-morika.co.jp
𝕏 @sagatofu_morika

真ん中

本田味噌本店《ほんだみそほんてん》

京都生まれの白味噌。買い求めるなら、宮中に味噌を献上していた老舗の本田味噌本店へ。なめらかで丸い甘みの西京白味噌、フリーズドライでお湯を注ぐだけの「一わんみそ汁」、西京白味噌を使ったフィナンシェやダックワーズなどの洋菓子までが並ぶ店内は、めくるめく味噌ワールド。我が家では赤だし味噌も愛食。

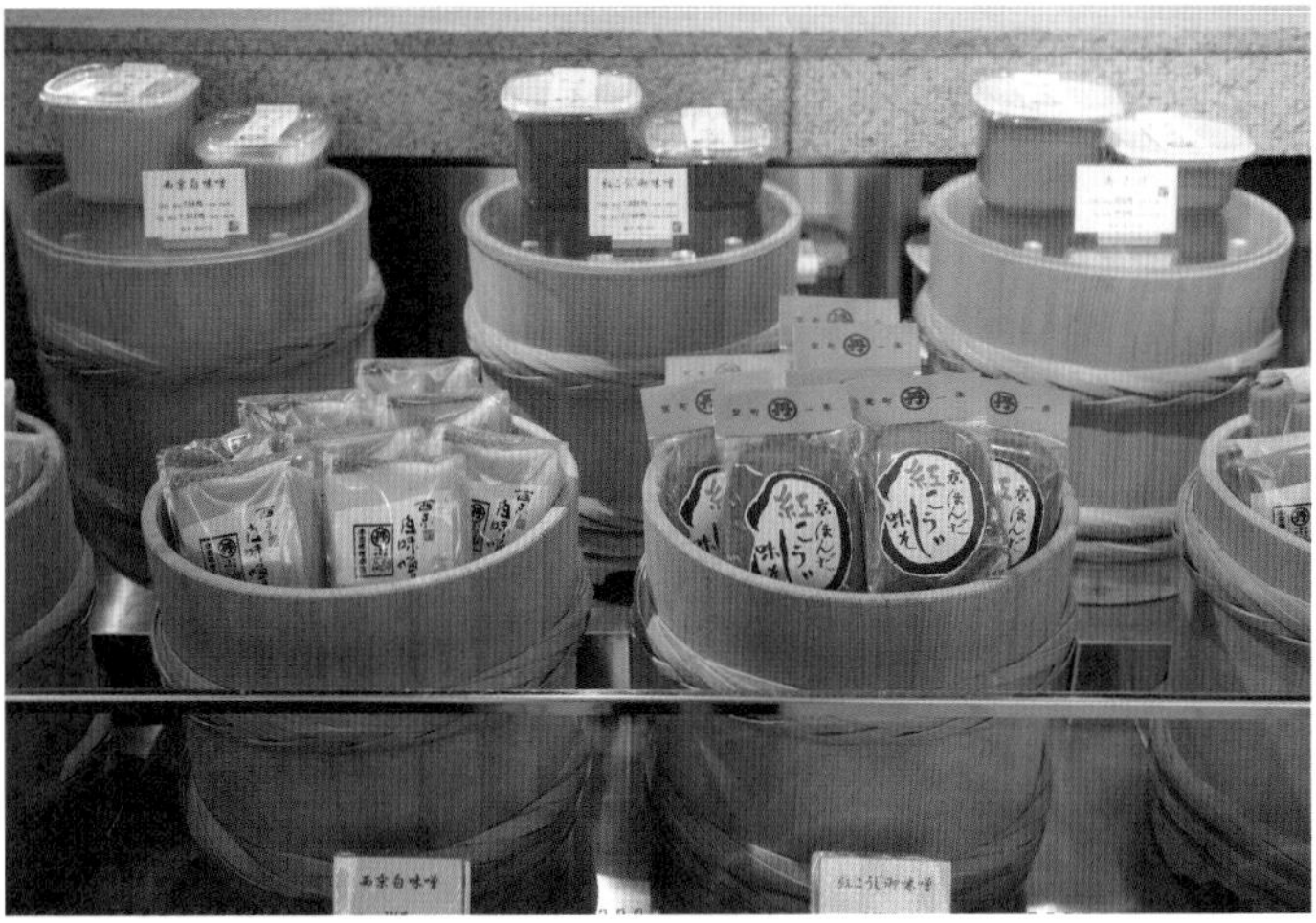

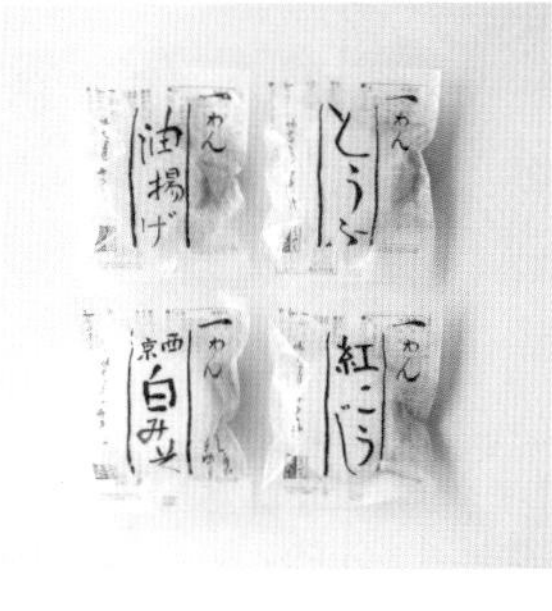

京都市上京区室町通一条上る小島町558
☎ 075-441-1131
営 10:00–18:00
休 日
🏠 honda-miso.co.jp
@hondamiso1830

麩嘉錦店《ふうかにしきみせ》

真ん中

もちもちの麩まんじゅうで知られる麩嘉の直営店。シチューやグラタンに合うパンプキン麩、お酒のアテになるペッパー麩など、自家製の生麩が勢ぞろい。瓢亭の「じゃこえのき」、祇園ろはんの「山椒胡椒」といった京のうまいもんセレクションにも垂涎。焼きたての鯛焼き麩まんじゅうも絶対食べなくちゃだし、食い意地が爆発する店。

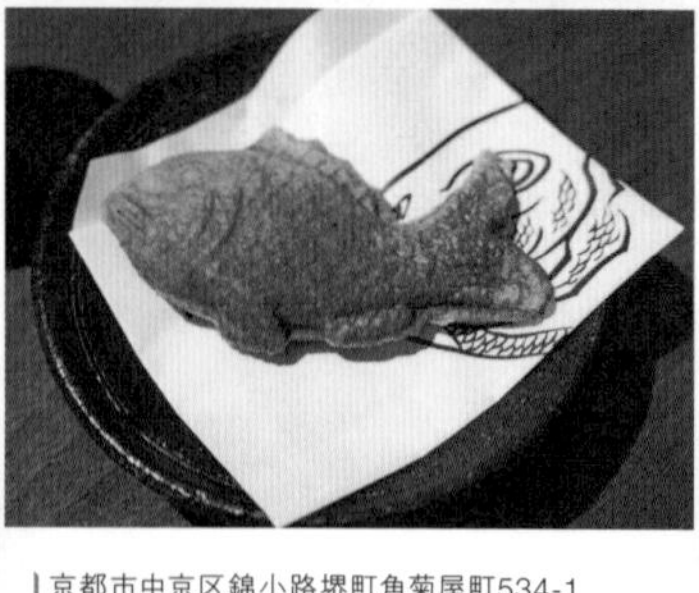

京都市中京区錦小路堺町角菊屋町534-1
☎ 075-221-4533
営 10:00–17:30
休 月
fuka-kyoto.com
@fuka_nishikimise

YOLOs《ヨロズ》

真ん中

作家の原田マハさんを筆頭とする食の猛者たちが、国内外のおいしいものを選りすぐり販売する食のセレクトショップ。岡山・吉田牧場のチーズ、国産いわしの魚醤「コクデール」、福井の鯖のへしこのフレーク、むちむち食感の玄米麺など、リピート買いが止まらない。食堂おがわの柚子胡椒といった京都発のレアな逸品も。

京都市中京区橋弁慶町228 AOIビル1階
☎ 075-252-5900
営 11:00–19:00
休 月
yolos.jp
@yolos.kyoto

仔鹿《こじか》

真ん中の右

昨今のナチュラルワインブームを横目に、国産からインポートまで家で飲むワインに全集中したラインナップ。アルザスの泡、ジョージアのオレンジワイン、国産の一升瓶ワイン、そして私が愛してやまないスペインのシェリー酒みたいなワイン「61ドラド」など、この店で出合ったコスパ最強の美酒は数知れず。

京都市左京区大菊町134-7
☎ 090-6798-1427
営 13:00–21:00
休 火
kojika.storeinfo.jp
@kojika.poipoi

＼手仕事の道具、どこでなにを買う？／

作りがよく使い勝手も申し分なし。そしてなにより美しい道具を選びたい。

桔梗利《ききょうり》 内藤商店《ないとうしょうてん》

真ん中

三条大橋のたもと、江戸時代から変わらないという店構えに、吸い寄せられるように足を踏み入れると、陳列台に並ぶ棕櫚《しゅろ》のたわしやブラシに目を奪われる。どれもひとつひとつ職人が手づくりしているもので、その姿は端正で尊い。我が家では、卓上をささっと掃除できる小箒や、金具が手に当たらない棕櫚たわしＳ型を愛用中。

京都市中京区三条大橋西詰
☎ 075-221-3018
営 9:30−19:00
休 無休
@naitosyouten1818.syuro

高台寺一念坂《こうだいじいちねんざか》 金網つじ《かなあみつじ》

真ん中の右

食パン、餅、そら豆にとうもろこし、なにを焼いてもおいしくなる奇跡の焼き網は、手編みの緻密な模様に惚れ惚れ。キッチンで使うたび、うれしくなってしまう。お茶を飲むときに欠かせない茶こしも同じくで、金網つじの道具は日常のなにげないシーンに喜びを添えてくれる。希少な手仕事の品ゆえ在庫がないものも。店頭で注文可能。

京都市東山区高台寺南門通下河原東入枡屋町362
☎ 075-551-5500
営 10:00–18:00
休 水木
🏠 kanaamitsuji.com
@kanaamitsuji

鍛金工房《たんきんこうぼう》 WESTSIDE33《ウェストサイドさんじゅうさん》

下

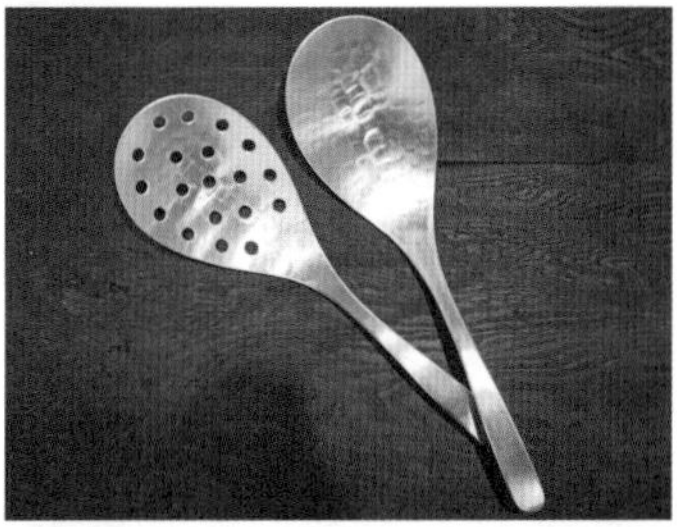

職人が丹念に手で打ち出す、鍛金の技術によって作られたアルミや銅の鍋は、堅牢で熱伝導に優れ、料理家やスタイリストの友人たちがこぞって求める憧れの品。私が一生手放せないと確信する道具は、料理の取り分けに使う大ぶりのサービングスプーン。手に優しくなじむうえ、どんな器にも映える美しさを備えている。

京都市東山区大和大路通り七条下る七軒町578
☎ 075-561-5294
営 10:00–17:00
休 火
westside33.jp
@kyoto_westside33

\ローカルなスーパーって、つい覗きたくなる/

フレンドフーズ下鴨店《フレンドフーズ しもがもてん》

右上

スーパーというより、もはや食の特選店、フレンドフーズへ！　他のスーパーにはない鋭い目利きと美味への貪欲さに、フーディーたちが熱視線を送るここは、ニューヨークのZabar's《ゼイバーズ》を彷彿とさせる存在。ローカルなお惣菜から胸熱なPB商品まで。胃袋をわしづかみされる味がきっとある。

京都市左京区下鴨北園町10-6
☎ 075-722-0451
営 10:00−21:00
休 無休
friendfood.jp
@friendfood.kyoto

ぎゃん。入り口すぐに、さっそく食いしん坊トラップ。できたてポテチ～

我が家の薄口醤油はずっと「紫大尽」一択。京都はフレンドフーズでしか見たことない

「え、これ白ワイン！？」って思わず目を丸くした京都の日本酒、「月の桂」の純米吟醸酒

そそる京漬けものコーナーでは無添加＆手づくりの、まるたけ製のものを横一列買い

京都・一休堂の「黒薬味」など、おみやげに重宝する山椒や七味も揃ってます

まずは右手の青果コーナーへ。京都産のお野菜をどうぞ。えび芋は冬の京野菜

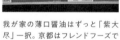

自然豊かな京都・美山の生乳を使ったシュークリーム。ひとくちで飲めます

一保堂茶舗のお茶、買い忘れたかた、いませんかー？いり番茶もありますよー

京都ほし山の無添加白菜キムチ最強説。もうほかのキムチが食べられない

食い気が最高潮に達するのが、井上佃煮店（p.61）のお惣菜の棚

パスタといえば黄色い袋が目印のマルテッリ。輸入食材もさすがのセレクション

わちゃっとセレクト銘菓の山。にやにやしながら、ここを掘るのが至福の時間

タンタンタン、ナポリタン♪　なんのメロディで歌うべきかいつも迷う

手土産にすると、たいそう喜ばれる、京都醸造のクラフトビール

コスト度外視と噂のフレンドフーズPB商品。コラーゲン白湯はうどんや鍋に

いつかフレンドフーズ鬼買いツアーを企画したい

このままスプーンでわしわし食べたいぐらい。大内山の瓶バター

おひたし、煮物、なんにでもパッと使える救世主。おだしのうね乃の「京のしろだし」

\「いいもの」に出合えるお店を訪ねたい/

いいものってなんだろう。心を（財布も）動かすもの。つまりは私の散財スポット。

YAMADA《ヤマダ》 MPD《エムピーディー》 ARTCLUB《アートクラブ》

真ん中

アートピースな民藝の骨董から、気軽な古い雑器までがのびのびとディスプレイされた店内。店主の強い嗜好やお値段に「うっ」となりがちな骨董店だけれど、反してこの店で感じたのは自由だった。生活者であるこちらの想像力を奔放にさまよわせ、店主と話をしながら選んだのは、金魚の印判皿とバカっぽい梅の花の小皿。記憶に残るいい買い物だった。

京都市中京区寺町通竹屋町上る藤木町22
☎ 075-286-3985
営 11:30–18:00
休 火水
yamadampdartclub.com
@yamadampdartclub

Community《コミュニティストア》 Store TO SEE《トゥーシー》

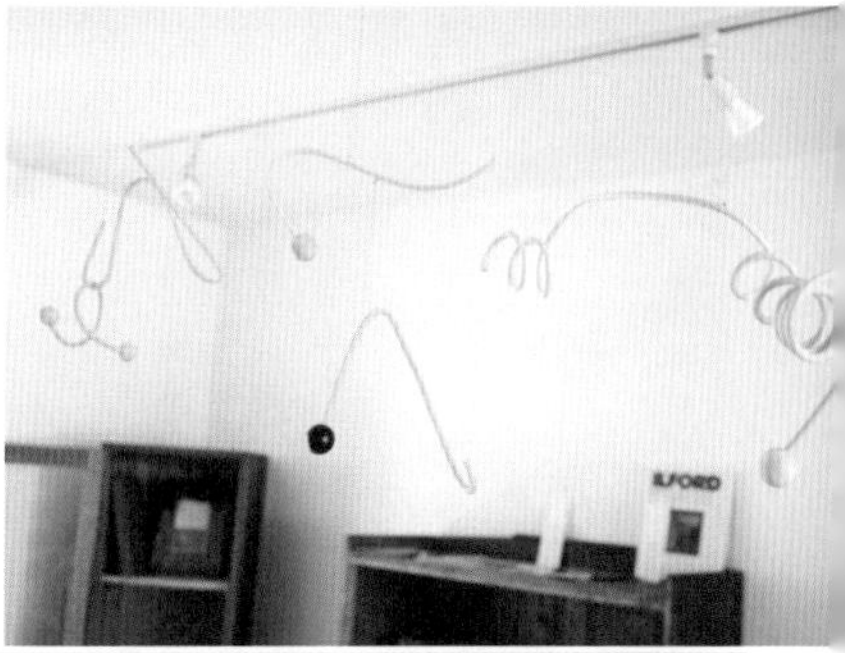

真ん中の左

作り手の顔がみえるもの、工業製品にはない温もりや手垢を感じるもの。そんな基準で選んだ作家の器やオブジェ、ハンドクラフトのモビールなどが並ぶ。きりっと洗練されていたり、どこか都会的だったり、あるいはストリートな要素が匂ったりするところが、TO SEEらしさ。年に数回開催される企画展も見どころ（＆買いどころ）たっぷり。

京都市中京区玉植町244
☎ 075-211-7200
営 11:00–19:00
休 火&不定休
t-o-s-e-e.jp
@communitystore_to_see

HS《エイチエス》 kyoto《キョウト》

真ん中の右

「ただモノを売るだけのことは、もうやらなくていいと思った」と話す店主による完全予約制のギャラリーショップ。予約時間に秘密のロケーションへ向かえば、オリジナルの別注品をはじめとする現代作家の器や道具とともに、心尽くしのもてなしが待っていた。雑多な日々からしばし離れ、美しいと純粋に感じる心を共有できる幸せが、ここにはある。

住所非公開
営&休 展示期間のみオープン
hs-hayashishoten.com
@hs_kyoto_
展示の詳細はインスタグラムにて
メールまたはインスタグラムのDMにて予約
予約者にのみ道案内連絡が送付される

真ん中

誠光社《せいこうしゃ》

本との出合いって暗示的だなあと思う。いま私に必要な本が手の中に落ちてくるような。そんな体験が叶うのが独立系書店の誠光社。店主の感性や知性がぞんぶんに反映された選書に、どっぷり浸かれる店内で、私はこれまでたくさんの閃きや導きを得た。って書くとなんだか大げさだけれど、つまり本を選ぶことの面白さに目覚める書店なのだ。

京都市上京区俵屋町437
☎ 075-708-8340
営 10:00–20:00
休 無休
seikosha-books.com
@seikoshabooks

\せっかくだから骨董市へ。いつ、どこ?/

第1日曜、10日前後、21日、25日。これだけ暗記して旅の計画を!

天神市《てんじんいち》

左上

北野天満宮にて、菅原道真公の御縁日にちなみ毎月25日に開催。天神さんの愛称で知られ、骨董店を営むプロも通う本気のアンティークマーケット。機織りの重りらしいドーナツ型の陶製オブジェとか、ゆるキャラっぽさが漂う幕末の絵付け皿とか、そのときの自分の心にぴっ!と共鳴するモノが見つかり、決して手ぶらでは帰れない。

京都市上京区馬喰町(北野天満宮)
☎ 075-461-0005
営 毎月25日に開催。7:00-日没。雨天決行
kitanotenmangu.or.jp
@kitano_tenmangu

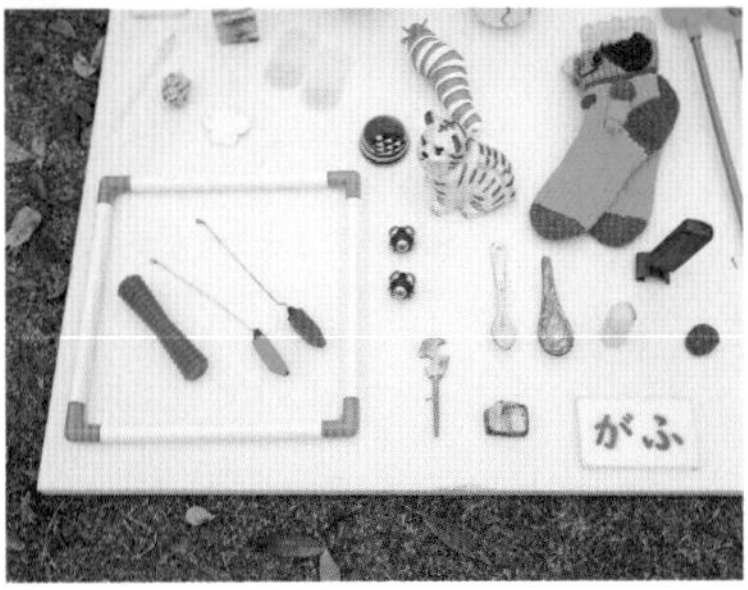

平安蚤の市《へいあんのみのいち》

真ん中の右

毎月10日前後、岡崎公園に全国各地から骨董品を引っ提げやってくる味な店主たちがずらり。定番の染め付け和皿ほか、昭和の子どもが親しんだ文房具から、ドラマのなかでは凶器として活躍したバブル期のガラスの灰皿まで、懐かしのあれこれがネオ骨董として売られ隔世の感アリ。たぶんいま京都でいちばん楽しい骨董市。

京都市左京区岡崎最勝寺町他(岡崎公園)
営 毎月10日前後に開催。9:00-16:00
月2回開催の場合あり
休 雨天中止の場合あり。詳しくはHPとSNS参照
heiannominoichi.jp
@heiannominoichi

がらくた市&弘法市《こうぼういち》

駅の
反対側

東寺の境内で開催。天神市とあわせ京都の三大骨董市と呼ばれ、こちらもプロが買付にやってくるガチな市。弘法大師の命日、毎月21日に開かれる弘法市は、規模が大きく出店者のジャンルも幅広い。私は、毎月第1日曜の古物を専門にした、がらくた市が好み。のんびり牧歌的なのに、品ぞろえがマニアック。

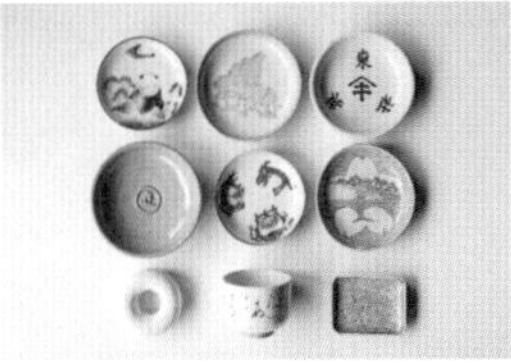

京都市南区九条町1(東寺)
☎ 075-691-3325
営 弘法市は毎月21日、がらくた市は毎月第1日曜に開催
8:00-16:00。雨天決行
touji-ennichi.com
@toji_koboichi_official

＼お漬けもの迷子。無添加のおいしいもの教えて／

京漬けものを食べまくり探し当てた、
素材の味をしっかり感じる無添加のお漬けもの6選。

京みぶ菜

からしのようなわさびのような壬生菜の風味がいきている。つけ汁を絞り、ごまと一緒に炊きたてごはんに混ぜれば極上の菜飯に。JR京都伊勢丹で購入可。540円

京つけもの茎屋《きょうつけものくきや》
kukiya.jp

赤かぶ

マップ外

皮付きの赤かぶは、パリッパリの歯ごたえ。甘酢のなかにピリッとかぶの辛味がしっかり。秋冬限定。D&DEPARTMENT京都や里の駅大原でも販売。540円

志ば久《しばきゅう》
京都市左京区大原勝林院町58
☎ 075-744-2226
営 9:00−16:30
休 水
shibakyu.jp
@shibakyu_kyoto

建礼門院《けんれいもんいん》（しば漬け）

上

なすとしそを塩だけで漬け込み、乳酸発酵させた昔ながらのしば漬け。ポテサラやチャーハンにしても。フレンドフーズなどのスーパーでも購入可能。486円

御漬物司　林慎太郎商店《はやししんたろうしょうてん》
京都市北区大宮南田尻町68-1
☎ 075-203-6084
営 14:00−18:00
休 土日
hayashi-shintaro-syouten.com
@shintaro.inc

田舎沢庵

上

大根を干さずに生のまま漬け込み。みずみずしさを残したままの果肉に、香ばしい糠の旨み。塩辛くなくサラダみたいにぽりぽり食べられる新感覚の沢庵。612円

京つけもの富屋《きょうつけものとみや》
北区新御霊口町285-139
☎ 075-231-0341
営 10:30−18:00
休 木日
tomiyakyoto.co.jp
@tomiyakyoto

すぐき

上

すぐき発祥の上賀茂で江戸時代から続く老舗。塩で漬け乳酸発酵させたすぐきは、酸味、甘み、発酵香から成る京の食遺産。京都高島屋にも出店。
250g 1200円前後

京都なり田《きょうとなりた》 上賀茂本店《かみがもほんてん》
北区上賀茂山本町35
☎ 075-721-1567
営 10:00−18:00
休 無休
suguki-narita.com
@kyotonarita_suguki

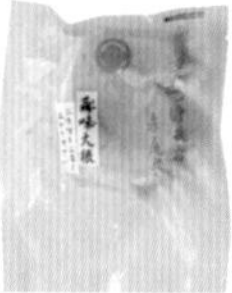

まゆみ大根

下

大根を利尻昆布で漬けたあと、京都の白味噌と麹でじっくり漬け込み。穏やかな甘みの白味噌ごと白ごはんに載せて。直営店のほかJR京都伊勢丹でも販売。648円
※味噌の発酵を止めるため酒精を使用

赤尾屋《あかおや》
京都市東山区本町7-21
☎ 075-561-3032
営 9:00−18:00
休 木
akaoya.jp

＼パン屋は、ぶっちゃけどこがいいの？／

道を歩けばパン屋にぶつかる、京の街。つい食べたくなるのはこの3つ。

まるき製パン所《せいぱんじょ》

真ん中の左

ハム、コロッケ、えびカツ、ポテトサラダ……。昭和世代には懐かしの具が挟まったコッペパンサンドが泣けるほどおいしく、いつもするする飲むように食べてしまう。京都出身の友人が「まるき製パン所の近所に住みたい」と言っていて、激しく同意。商品が店頭に並んでいなくても、注文を受けてから店内で作ってくれるので安心を。

京都市下京区松原通猪熊西入北門前町740
☎ 075-821-9683
営 6:30–20:00、日6:30–14:00
休 月
@marukiseipansyo

上

Radio《レディオ》 Bagel《ベーグル》

ニューヨークのベーグルが恋しい。そんなとき駆け込むのがレディオベーグル。小ぶりのもっちり食感が心地よく、とくにシナモンをふわっと効かせたシナモンレーズンベーグルは、慣れ親しんだあの街の味。スモークチキン＆クリームチーズや、ベーコンエッグといったベーグルサンドも完璧な味の組み立てで、つい爆買いしてしまう。

京都市北区上賀茂池端町9 久世ハイツ101
☎ 075-724-2274
営 9:00–15:00
休 月
radiobagel.com
@radiobagel

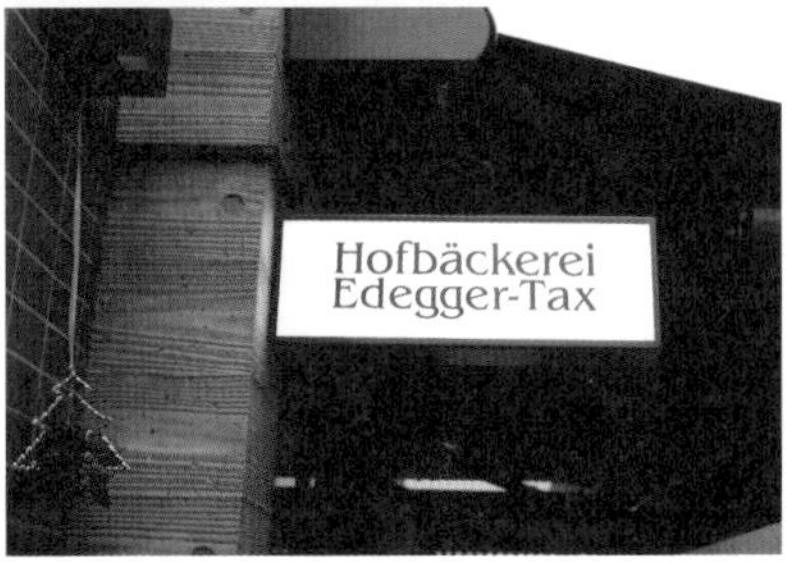

ホーフベッカライ
エーデッガー・タックス

真ん中の右

オーストリアはハプスブルク家御用達の称号を日本で唯一有し、当時のままのレシピを受け継ぐ。小さな王冠の形をした食卓パン、ハンドカイザーは密な生地の食感と小麦の香りにうっとり。温めずそのまま、バターをもりもりつけて、または上質なハムとチーズを挟んで。自宅の朝ごはんがヨーロッパのホテルの朝食に変身する。

京都市左京区岡崎成勝寺町3-2
☎ 075-746-6875
営 10:00–18:00
休 水木
edegger-tax.jp
@edeggertax_jp

＼京みやげ・2000円以下・消えもの、希望／

食に貪欲なすべての人へ。甘党も辛党もきっとうれしいおみやげ。

烏羽玉《うばたま》CACAO《カカオ》

真ん中の左

つるんとまあるい黒糖餡を口に含めば、思わず顔がほころぶ代表銘菓の烏羽玉と、ダンデライオン・チョコレートのコラボ。カカオの風味でぐっと大人な味わい。ワインにも合う。1080円

亀屋良長《かめやよしなが》 本店《ほんてん》
京都市下京区柏屋町17-19
☎ 075-221-2005
営 9:30−18:00
休 無休（1/1-1/3を除く）
🏠 kameya-yoshinaga.com
Ⓘ @kameyayoshinaga

無味《むみ》、豆角《まめかく》

上

無味、つまり味が無い。その勇気ある命名に仰天、食べてまたびっくり。炭火で一枚ずつ手焼きしたおかきは、お米本来の濃く深い味。同じく炭火手焼きの黒豆入り豆角も好き。各820円

米菓匠《べいかしょう》 紫芳軒《しほうけん》
京都市北区大宮南椿原町8-1
☎ 075-495-4685
営 10:00−18:00
休 日
🏠 arare-ya.com

大粒納豆、青大豆納豆

上

千利休が茶会で納豆汁を供するなど、じつは納豆との関わりが深い京都。大粒納豆は粒が大きく、ほっくり食感、青大豆納豆は微かにビター。直営店ほか大垣書店等でも販売。各200円

藤原食品《ふじわらしょくひん》
京都市北区長乗東町204-5
（藤原食品×ムトーヨータドー）
営 10:00−16:45
休 土日
Ⓘ @kyonatto_mutoyotado

天ぷら

マップ外

天ぷら＝油で揚げた練りもの。魚のすり身を低温でじっくり練って作るこの店の天ぷらは、むちっとした食感がたまらない。そのままおつまみに、おでんに。スーパーでも購入可。各種400円前後

京かまぼこ《きょうかまぼこ》 はま一《はまいち》
京都市右京区花園春日町10-8
☎ 075-841-3758
営 10:00−16:00
休 水日
🏠 kyokamaboko.co.jp

じゃこ山椒

上

ふわふわ、カリカリ、甘め、濃いめ。好みが分かれるじゃこ山椒。私の推しは、ほわほわの淡い味つけ、しののめ製。香り高い実山椒がしっかり効いているところもいい。袋入り864円〜

しののめ
京都市北区小山元町53
☎ 075-491-9359
営 9:00−17:00
休 日祝、第2土
🏠 ojyako.jp

六味

左上

山椒、麻の実、青のり、ゴマなどを目の前で調合してくれる専門店。熱烈愛食しているのは唐辛子抜きの六味。うどん、パスタ、おにぎりに。世界に誇れる京都のスパイス。小袋480円（山椒多めは620円）

長文屋《ちょうぶんや》 七味《しちみ》
京都市北区北野下白梅町54-8
☎ 075-467-0217
営 10:00−18:00
休 水木

練り白ごま 錦糸のり

真ん中の右

料理に用いれば料亭の味になる、濃厚な練り白ごま（240g 1026円~）。パスタにサラダに活躍する極細の国産海苔、錦糸のり（20g 918円~）。このふたつは各家庭に常備をおすすめしたい。

祇園むら田《ぎおんむらた》
京都市東山区祇園下河原通下河原町478
☎ 075-561-1498
営 10:00−17:00
休 水日
gion-murata.co.jp
@gomaya_gion_murata

徳用ゆば

真ん中

乾燥した割れゆばは、店の人いわく「一人前、ひとつかみが適量」とのこと。たっぷり使えば、湯葉の旨みが存分に味わえる。だから容量十分の徳用ゆばがマスト。70g 864円~

千丸屋本店《せんまるやほんてん》
京都市中京区堺町通四条上る八百屋町541
☎ 075-221-0555
営 10:00−18:00
休 水
senmaruya.co.jp
@senmaruya_kyoto_yuba

大徳寺納豆

上

大徳寺の門前で十何代も続く老舗。一子相伝のレシピによる大徳寺納豆は、大粒で八丁味噌のような香り。力強い塩けのあと、パッションフルーツみたいな酸味が弾ける。50g 500円~

大徳寺一久《だいとくじいっきゅう》
京都市北区紫野大徳寺下門前町20
☎ 075-493-0019
営 9:00−18:00
休 不定休
daitokuji-ikkyu.jp

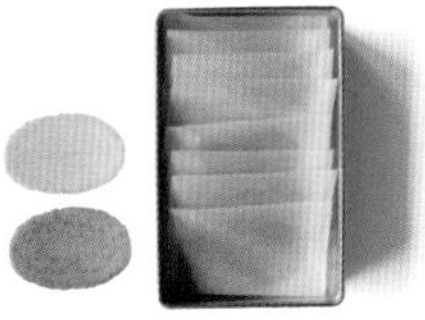

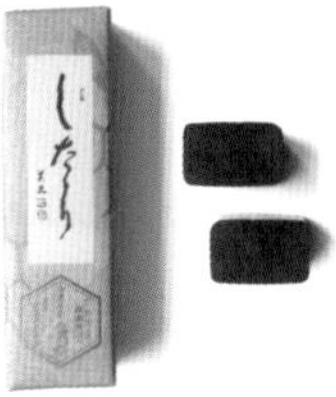

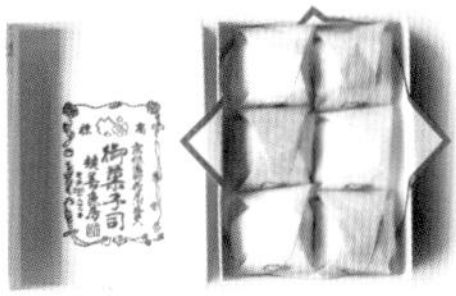

両判

真ん中

大判の形をした麩焼きせんべいに、甘じょっぱい蜜と、コクのある黒糖の蜜をほどこした2種類の味の詰め合わせ。淡い甘みで、辛党の人にも喜ばれるはず。10枚入り 1944円

京菓子司 末富《すえとみ》 本店《ほんてん》
京都市下京区玉津島町295
☎ 075-351-0808
営 9:00−17:00
休 日祝
kyoto-suetomi.com
@suetomi.kyoto

したたり

真ん中

祇園祭の菊水鉾のために作られた和菓子。夏限定だったものが、なんと通年販売に。黒糖の甘みがふわっと口のなかに訪れ、するするとほぐれてゆく。まるで幻みたいな琥珀羹。1300円

亀廣永《かめひろなが》
京都市中京区蛸薬師上る和久屋町359
☎ 075-221-5965
営 9:00−18:00
休 日祝

岩山椒《いわさんしょ》

真ん中の右

なめらかなこし餡を包み込んでいるのは、すんっと山椒が香る求肥の薄い皮。このお菓子を食べるたびに「ああ、京都の味だなあ」と胸が熱くなってしまう。6個入り 1440円~

鍵善良房《かぎぜんよしふさ》 四条本店《しじょうほんてん》
京都市東山区祇園町北側264
☎ 075-561-1818
営 9:30−18:00
休 月
kagizen.co.jp

\京都ならではの朝ごはんを食べたい/

お米にまっすぐ向き合い味わう。普段はできない特別な朝ごはん体験を。

瓢亭《ひょうてい》 別館《べっかん》

真ん中の右

老舗料亭のあまりにも有名な朝がゆ。「お粥かぁ……」と食欲喪失するなかれ。一般的なお粥とはわけが違う。まず運ばれるのは、押し寿司や名物の瓢亭玉子が盛られた八寸と、酢のものや炊き合わせが楽しめる瓢箪型の三段重。さらに椀ものが続いたら、いよいよ朝がゆ登場。熱々を茶碗によそって吉野の葛あんをかけていただくスタイル。しみじみおいしい……。冬の鶉《うずら》がゆもまた至高。

京都市左京区南禅寺草川町35
☎ 075-771-4116(要予約)
営 8:00–11:00(10:00LO)、12:00–16:00(14:30LO)
休 木
hyotei.co.jp
@kyotohyotei
別館の朝がゆ 5445円、鶉がゆ(12/1~3/15)5445円、松花堂弁当 7260円

Kyoto《キョウト》 朝食《ちょうしょく》 喜心《きしん》

真ん中の右

主役は土鍋ごはん。とろける汲み上げ湯葉を塩でいただき、好みの飯碗を選んだら、ほどなくして煮えばなのごはんが供される。芯の残る瑞々しい米粒は甘美。うるめいわしの丸干し、漬物、選べる汁物(私は京白味噌の豚汁を選択)とともに、時間が経つにつれ粒がむっちり際立つ白飯を堪能、がりっと香ばしいおこげで〆る。美しいコース仕立てでお腹も心も整う。

京都市東山区小松町555 Rinn Gion Hanatouro Hotel 1F
☎ 075-525-8500
営 7:30–14:00
休 水木
kishin.world
@kishin.world
朝食 3300円(完全予約制。HPまたは電話にて)

\喫茶店はどこがおすすめ？/

コーヒー、パンケーキ、空間……目的にもよるけれど、
私ならサンドイッチが絶品な喫茶店。

京都市東山区下堀詰町235
☎ 075-561-8875
営 7:30–18:00、水日7:30–15:30
休 無休
cafe-amazon-kyoto.com
@coffeeshopamazon
和風トースト 700円、エビカツサンド 950円、ブレンドコーヒー 430円

喫茶《きっさ》アマゾン

下

こんがりトーストしたパンに、厚焼きの卵焼きと海苔、かつお節を挟んだ和風トースト。ぷりぷりの海老カツとタルタルソースをサンドしたエビカツサンド。どちらももれなく食べたいし、ふわふわの食パンに卵とフレッシュな野菜を合わせたミックスサンドもいいんだよな。と、欲張って、いつだってお腹いっぱいの喫茶アマゾン。

コーヒーハウスマキ

右上

喫茶店は大人の空間。子どものころから憧れの場所だった。そんな私の憧憬をそっくり叶えてくれる店がコーヒーハウスマキ。ブレンドコーヒーをゆっくり嗜みつつ、ほんのり甘い黒糖パンにビーフパストラミを挟んだサンドイッチを頬張れば、芳醇な大人の時間が完成する。平日限定の和風タマゴトーストセットもいいんだよなあ……。

京都市上京区青龍町211
☎ 075-222-2460
営 8:30–17:00
休 火
🏠 coffeehousemaki.jp
パストラミビーフサンドセット（ミニサラダとブレンドコーヒー付き）1000円、
ブレンドコーヒー（単品）520円

\名建築でお茶してみたい/

じつは近現代建築の宝庫である京都。
狙うはオープン日が毎月数日のみの超難関カフェ。

NIWA café《ニワカフェ》

マップ外

丹下健三に師事した建築家、大谷幸夫の設計による国立京都国際会館は1966年の開館。伝統様式の合掌づくりをデフォルメしたような、台形の組み合わせによる新奇な要塞。いつか中に入ってみたいと思っていたら、ラウンジにカフェがあると聞いて小躍りした。運営するのは京都を代表する喫茶店、前田珈琲。熱量がすごい建物とは対照的に、庭が望めるしんと静かなカフェ空間。ドリップで丁寧に淹れてくれるコーヒーがしみる。月に数日のオープンデイのみ営業。その希少さにも好奇心をくすぐられる。

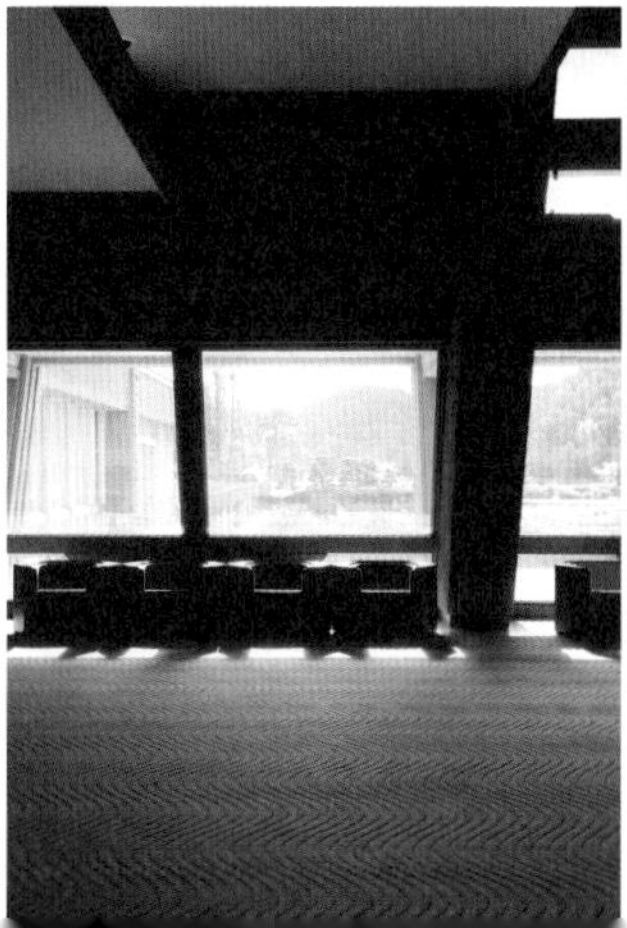

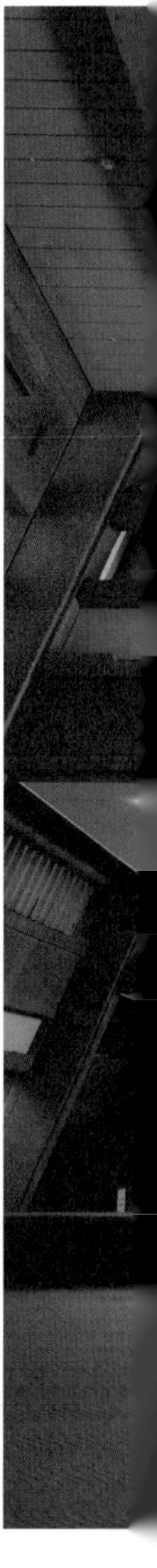

京都市左京区岩倉大鷺町422
国立京都国際会館1階
☎ 075-705-2111
営 不定休。営業日はウェブサイトやインスタグラムで確認を。
10:00-17:00
maedacoffee.com/shopinfo/kokusai/
@icckyoto
コーヒー 300円、チーズケーキ 580円

＼出町ふたばの豆餅以外に、食べるべき餅は？／

気づいたら、この街で餅ばかり食べている私の、推し餅。

あぶり餅《あぶりもち》 一和《いちわ》
（一文字屋和輔《いちもんじやわすけ》）

上

移住早々、私をとりこにしたのが今宮神社のあぶり餅。11本の串の先に付いた親指大ぐらいの焼き餅に、とろりとした白味噌ダレがかけられている。きなこをまぶしてから炭火であぶられる餅は、焦げた部分が、しゃくっと香ばしい。参道にある2軒の茶屋のうち、一文字屋和輔はなんと平安時代の創業。悠久の餅なのである。

京都市北区紫野今宮町69-69
☎ 075-492-6852
営 10:00–17:00
休 水
1人前（11串）600円

粟餅所《あわもちどころ》 澤屋《さわや》

左上

引き戸を開けると、店内入ってすぐに餅のライブパフォーマンス。ぷちぷち食感のつきたて粟餅を注文に応じて手早くちぎり、上品なこしあんで包んで、香ばしいきな粉をまぶす。その流れるような所作に見入ってしまう。さっそく餅を口に含めば、ふんわり温か。なんだかお腹の中から励まされるよう。粟餅は人を元気にさせる。

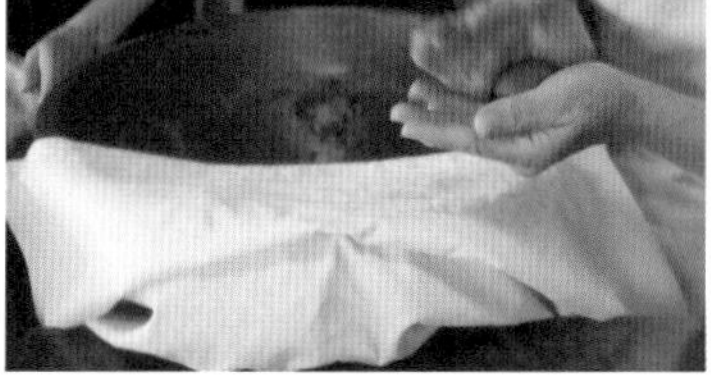

京都市上京区紙屋川町838-7
☎ 075-461-4517
営 9:00–17:00
休 水木、毎月26日
紅梅（餅3個）煎茶付き 600円

＼昼にずるっと麺をすするなら?／

麺どころに困らないヌードルパラダイス京都。麺食いの私は昼はほぼ麺。おやつも麺。

中華そば　　真ん中

元々はうどん屋のため、スープは和風出汁と鶏ガラ出汁を合わせたハイブリッド。どこかかけそば的でほっこり。チャーシュー、もやし、ネギのシンプルな具も微笑ましい、ザ・中華そば。

中華《ちゅうか》そば萬福《まんぷく》
京都市下京区四条通室町西入鶏鉾町474
☎ 075-221-4712
営 11:30–15:00、
19:00–23:30（土–22:00）
休 日
中華そば 800円

カレーうどん　　真ん中の右

やわやわのうどんが絡む出汁ベースのカレースープは中毒性のあるおいしさ。甘辛く煮た牛肉、油あげと九条ネギの特カレーうどん（中辛）をぜひ。〆は白飯に残りの汁をかけてカレー丼に。

日《ひ》の出《で》うどん
京都市左京区南禅寺北ノ坊町36
☎ 075-751-9251
営 11:00–出汁なくなり次第終了
休 日
特カレーうどん 1100円（中辛はプラス10円）、
ライス小 150円

のっぺいうどん　　真ん中の右

岡北は出汁の威力がすごい。無性に飲みたくなる。その出汁の真髄を味わえるのが、あんかけうどんで、私の十八番は湯葉やかまぼこ、しいたけの具が載ったのっぺい。おろししょうがもたっぷり。

京《きょう》うどん 生蕎麦《なまそば》 岡北《おかきた》
京都市左京区岡崎南御所町34
☎ 075-771-4831
営 11:00–17:00LO
休 火水
⌂ kyoto-okakita.com
のっぺいうどん 1350円

冷めん　　上

喉ごしよい冷たい太麺に、からしを忍ばせたクリーミーな特製ダレ。ハム（または焼豚）、キュウリ、海苔が絶妙に混じり合う。巧みに構成された看板料理、冷めん。夏も冬も年中食べたい。

中華《ちゅうか》のサカイ 本店《ほんてん》
京都市北区紫野上門前町92
☎ 075-492-5004
営 11:00–16:00、17:00–20:30
休 月
⌂ reimen.jp
冷めん（焼豚入り）860円

きしめん　　真ん中

甘辛く炊いたふかふかの油あげに、かつお節がわさっと盛られたきしめんは、まさに"ひらり、つるり、ぺろり"。温かな出汁と飲むように食べる"温"か、甘め醤油味の"冷"か、あー悩ましい。

更科本店《さらしなほんてん》
京都市中京区中筋町483
☎ 075-221-3064
営 11:00-15:30（日のみ17:30-20:00も営業）
休 木
きしめん（花かつを）冷 800円

たぬきうどん　　駅の反対側

刻んだ油あげと九条ネギの具にとろみのついた汁。それが京都の"たぬき"で、殿田の名物。家に帰り熱い湯船に入ると「はぁ～」と心身がほぐれる。殿田のたぬきはそういう存在。あったかく優しい。

殿田食堂《とのだしょくどう》
京都市南区東九条上殿田町15
☎ 075-681-1032
営 10:30–17:00
休 水
たぬきうどん 700円

特製みそらーめん　　真ん中

むむ、この味噌の風味はなんだ！？　一味唐辛子、にんにくなどを合わせた秘伝の豚骨味噌スープの複雑妙味に毎度唸る。ふわふわの生ハムみたいな切り立てチャーシューにも感激。

元祖らーめん大栄《がんそらーめんだいえい》
京都市上京区出水町275 1階
☎ 075-211-7196
営 11:30–14:15、15:30–18:15
休 日
🏠 gansodaiei.com
特製みそらーめん並 900円、追加の生卵50円

イタリアン　　真ん中

甘酸っぱいトマトソースが絡む極太麺と、玉ねぎやマッシュルームの具がパーフェクトに調和するナポリタン（イノダコーヒでの呼称はイタリアン）。銀食器でうやうやしく運ばれるところにもときめく。

イノダコーヒ 本店
京都市中京区道祐町140
☎ 075-221-0507
営 7:00–18:00
休 無休
🏠 inoda-coffee.co.jp
@inodacoffee_kyoto_official
イタリアン 1000円

\ひとり、さくっと飲んで食べる。いい店ある？/

私がひとり足を運ぶなら、軸のぶれない女店主たちとの会話も愉快な2軒。

coimo《コイモ》 wine《ワイン》

右上

元はパティシエ、タイのバンコクで働き、パン屋で修業した店主が繰り出す酒のつまみとナチュラルワイン。本格的なにんじんのソムタムもあれば、名物コイモサラダはしば漬け入りで和の趣と縦横無尽。スイーツも素晴らしく、パルミジャーノチーズが淡雪のように載るプリンは「我ながらいいものを思いついた」と店主自他共に認める傑作。

京都市左京区一乗寺払殿町38-3
パールハイツ1D
営 15:00–23:00（日–22:00）
休 火&不定休
@coimo_wine
人参のソムタム 600円、コイモサラダ 700円、パルミジャーノのプリン600円、グラスワイン800円～

星の球《ほしのたま》

右上

羊をこよなく愛する店主による、羊料理の店。むぎゅっとしたラムの肉感、でもクセはなく、むしろ実山椒のアクセントが爽やかな田舎風パテは、私を含めファン多数。ナチュラルワインのほか、日本酒、ハードリカーまでそろい、14時開店で昼飲みOK。「ゆくゆくは羊を飼い、鴨川を散歩したい」と話す店主の羊トークもたまらない。

京都市左京区田中南西浦町73-11
1階南側 松風荘
営 14:00–22:00
休 不定休
@hoshinotama.kyoto
羊の田舎風パテ 900円、黒胡椒めんたいと羊乳チーズのペンネ 900円、グラスワイン700円

＼京都らしいごはんの選択肢を知りたい／

和にかぎらず、洋中韓とさまざまな精鋭たちが昼夜待ちかまえる。
それが京都の街。

ハハハ

真ん中

ぜんまいに豚肉＆そば粉のコサリユッケジャン、里芋とエリンギ＆エゴマ粉のトラントゥルケタンなど、済州《チェジュ》島の郷土料理であるスープにごはんと小皿が付く定食が目あて。辛い、脂っこい韓国料理への印象がくつがえり、とろみのあるスープの滋味に震える。茹でぎょうざ、蒸し豚と塩漬け白菜といった一品料理も格別で、酒のつまみにもぴったり。

京都市下京区恵美須之町516-1
☎ 075-204-2202
営 11:30–22:00
休 木、第3水
@hahaha.teramachi_takatsuji
スープ定食（ごはんと小皿3つ付き）1500円〜、
マンドゥ（茹でぎょうざ）800円、白菜のジョン 500円ほか

DUPREE《デュプリー》

真ん中の右

ナチュラルワインの専門店が手がけるビストロ。どれもこれも食べたいアラカルトのなかから、モッツァレラの味噌漬けや自家製シャルキュトリでまずはワインをぐびり。季節のスープ（冬の聖護院かぶ！　夏のとうもろこし！）で胃を潤わせ、野菜の皿、魚の皿と食べ進めたら、最後は炭火焼きの鹿肉というのが私の黄金コース。

京都市左京区岡崎西天王町68-1
☎ 075-746-7777
営 18:00–24:00（22:00LO）、
日12:00–20:00（18:00LO）
休 月、第1&3火
dupree.jp
@dupreekyoto
京丹波モッツァレラの味噌漬け 720円、
丹波篠山 鹿モモ肉100g 1760円～ほか

和食《わしょく》晴《はる》ル

真ん中

料理はアラカルト。好きなものを好きなだけ、のカウンター割烹で、生麩いそべ焼き、雲子ポン酢、鯖寿司など、京都らしい食材とメニューに目移り。鴨肉がぎゅうっと詰まったメンチカツ、玄米餅に鯛そぼろと山椒醤油をあわせた鯛さんしょ餅、11月から12月のおでんもぜひ食べてほしい。一人客には量を少なめに調整、おひとりさまにも優しい店。

京都市下京区神明町230-2
☎ 075-351-1881（要予約。席は2時間制）
営 18:00-22:00（土日16:00–）
休 月
@wasyoku_haru.kyoto
鯛さんしょ餅 1650円、鴨メンチカツ 1320円、晴ル風鯖寿し 1320円ほか

洋食の店《ようしょくのみせ》みしな

真ん中の右

カウンターに座り待つことしばし。極細のパン粉をまとった揚げたてのカニクリームコロッケとエビフライが供されると、うわー、きれい、と歓声をあげてしまう。ぷりぷりのエビを味わうそばで、今度はお茶漬けセットが目の前に。じゃこと茎わかめの佃煮を載せ、煎茶でさらさらと白飯をかっこめば、軽快な食後感。京都だからこその洋食である。

京都市東山区桝屋町357
☎ 075-551-5561
営 12:00–、13:30–（2部制）、
17:00–19:30（最終入店）
休 水、第1&3木
カニクリームコロッケとエビフライ 2800円、
ビーフシチュー 3950円ほか
（どちらもランチはお茶漬け付き）

＼人混みって苦手。静かな寺と庭を教えて／

ひとり黙して庭と向き合う。贅沢なひと時のために私が出かける寺。

光明院《こうみょういん》

駅の反対側

室町時代に、東福寺の塔頭《たっちゅう》として創建。なんといっても見どころは、昭和を代表する作庭家、重森三玲《しげもりみれい》による枯山水の庭園、波心庭。本堂の縁側にこしかけ、海をあらわす白砂と、苔の州浜のところどころに配された立て石を眺めていると、ときどきハッとさせられる美の瞬間が訪れて、心が動かされる。

京都市東山区本町15-809
☎ 075-561-7317
拝 7:00–日没頃
休 無休
🏠 komyoin.jp
拝観料 500円

正伝寺《しょうでんじ》

マップ外

参道を登って本堂にたどりつくと、そこは故デヴィッド・ボウイが愛した枯山水の庭。敷き詰められた白砂に、整然と刈り込まれたサツキ。無心に庭を眺めていると、下界のノイズが遮断され、耳に届くのは鳥のさえずりと風の音だけ。まさにユートピア。晴れた日に拝める比叡山の借景もいいけれど、静謐な雪の日もまた言葉を失うほどの絶景。

京都市北区西賀茂北鎮守菴町72
☎ 075-491-3259
拝 9:00–17:00
休 無休
shodenji-kyoto.jp
拝観料 大人400円

大徳寺《だいとくじ》 瑞峯院《ずいほういん》

上

大海に見立てた白砂のなかに、石の半島が鎮座し、荒波が押し寄せている様を表現した枯山水の庭。なにか心惹かれるものがあって、幾度も散歩がてら訪れていたところ、調べてみたら光明院と同じく重森三玲の作だった。瑞峯院はキリシタン大名の菩提寺。北側の庭の石組みは、斜めから見ると十字になっているという。

京都市北区紫野大徳寺町81
☎ 075-491-1454
拝 9:00–16:00
休 無休
拝観料 大人400円

＼お祭りって、いいもの?／

沿道から眺めるだけじゃない。参加型のお祭りや神事にすっかり夢中。

夏越大祓式《なごしおおはらえしき》

上

境内に設けられた茅の輪をくぐり、半年間の無病息災を祈る夏越の祓。上賀茂神社では茅の輪に加え、毎年6月30日の夜8時からは大祓式を開催。紙の人形《ひとがた》に参拝者が名前などを書き、息を吹きかけたものを、かがり火が揺らめくなか神職が小川に流して穢れをはらい清めてくれる。なんとも霊妙な光景が忘れられない。

上賀茂神社
京都市北区上賀茂本山339
☎ 075-781-0011
拝 5:30–17:00
休 無休
kamigamojinja.jp
@kamigamojinja.jp.official
開催は6月30日の20時から。拝観自由
人形の初穂料は一体100円

みたらし祭《みたらしまつり》

右上

境内にある御手洗池《みたらしいけ》に足を浸し、無病息災を願う神事。お供え料を支払いロウソクを受け取ったら、靴を脱いで裾をまくり、いざ池へ。池の湧水は真夏でもひやっと冷たく、さっそく清められた感。ロウソクに火を灯して祭壇に供え、池から上がって汲みたてのご神水をいただく。体の内から爽やかに浄化され、最高に清々しい。

下鴨神社
京都市左京区下鴨泉川町59
☎ 075-781-0010
拝 6:00–17:00
休 無休
shimogamo-jinja.or.jp
@kamomioyajinja
開催は7月、土用の丑の日を挟んで10日間
9:00–20:00　お供え料300円

\ベストシーズンはいつ？/

5月、しっとり新緑の季節。淡い濃い緑のグラデーションに癒される。
街もやや空いてます。

栂尾山《とがのおさん》 高山寺《こうさんじ》

マップ外

世界遺産。うさぎやカエルが描かれた鳥獣戯画、日本最古の茶園、紅葉の名所などで知られる高山寺だけれど、私は新緑の季節を全力でおすすめしたい。国宝の建築である石水院の縁側は、山側に向けて大きく開かれ、まぶしい緑が目の前にダイナミックに広がる。室内に敷かれた赤い絨毯との対比が美しく、声にならない感動があふれる。

京都市右京区梅ケ畑栂尾町8
☎ 075-861-4204
拝 8:30–17:00
休 無休
kosanji.com
@kosanji_temple
拝観料 石水院1000円

虎屋菓寮《とらやかりょう》 京都一条店《きょうといちじょうてん》

真ん中

虎屋と聞いて、まっさきに思い浮かべるのは東京・赤坂。でもじつは室町時代後期に京都で生まれた菓子屋で、御所の御用を務めていた地にあるのがこの喫茶。テラス席前に広がるのは、江戸時代のお蔵や稲荷社などが残る、手入れの行き届いた芝生の中庭。とくに新緑の季節は、「ほぉー」とため息が出るほど緑鮮やか。なんて幸せな甘味時間。

京都市上京区一条通烏丸西入広橋殿町400
☎ 075-441-3113
営 10:00–17:30
休 毎月最終月（祝の場合は営業）
toraya-group.co.jp
@toraya.confectionery
かき氷 宇治金時 1650円

文・写真
仁平 綾　Aya Nihei
エッセイスト。編集・ライターとして東京で活動後、ニューヨークに移住。約９年暮らしたあと、2021年春より京都に在住。食べることと、猫をもふもふすることが至上の喜び。雑誌『SAVVY』（京阪神エルマガジン社）にて「京都暮らし、へぇ、そーなんだ！」連載中。著書に『ニューヨークおいしいものだけ！ 朝・昼・夜 食べ歩きガイド』（筑摩書房）、『ニューヨークでしたい100のこと』（自由国民社）、『ニューヨーク、雨でも傘をさすのは私の自由』（大和書房）など。
@nipeko55

京都《きょうと》はこわくない

2024年4月25日　第1刷発行

著　者　仁平綾《にへいあや》
発行者　佐藤 靖
発行所　大和《だいわ》書房
東京都文京区関口1-33-4 〒112-0014
電話 03-3203-4511
装丁　田部井美奈・栗原瞳子
本文印刷　光邦
カバー印刷　歩プロセス
製本　ナショナル製本

ISBN978-4-479-39427-3
乱丁・落丁本はお取り替えいたします
http://www.daiwashobo.co.jp

本書のいくつかのエッセイは、雑誌『SAVVY』（京阪神エルマガジン社）の連載「京都暮らし、へぇ、そーなんだ!」を加筆修正したものです。また、写真の一部も同誌に掲載したものを使用しています。 savvy.jp